Advice from the president of Peking University to teachers

北大校长给
教师的建议

蔡元培　蒋梦麟　胡　适　著
路　远　编

湖南人民出版社

目　录

蔡元培 >>>　＊ 肯努力学问的教师，不但研究所教的学科，还要研究教学的方法。

＊ 肯努力的学生，不但自身努力学习，还得辅助同级的同校的学生共同努力；还得将所得的知识推广到一般民众身上去。

中学的教育（1920 年）/ 003

普通教育和职业教育

——在新加坡南洋华侨中学等校欢迎会的

演说词 （1920 年）/ 008

对于师范生的希望 （1921 年）/ 018

美育实施的方法（1922 年）/ 023

中国教育的发展（1924 年）/ 033

中国现代大学观念及教育趋向 （1925 年）/ 046

教与学（1935 年）/ 057

就任北京大学校长之演说（1917 年）/ 061

我在北京大学的经历（1934 年）/ 066

我的读书经验（1935 年）/ 080

我在教育界的经验（1937 年）/ 083

蒋梦麟 >>> ＊ 教育的意义，从心理方面讲，贵在教育儿童的本能；从社会方面讲，贵在以社会已有的文明，灌输给儿童，使他将来在社会上可得正当的生活。

教育与职业（1917 年）/ 098

高等学术为教育学之基础（1918 年）/ 102

个人之价值与教育之关系（1918 年）/ 107

进化社会的人格教育（1918 年）/ 111

改变人生的态度（1919 年）/ 114

为什么要教育（1920 年）/120

北大之精神（1923 年）/ 123

什么是教育的出产品
——上海学术讲演之一部分（1919 年）/126

胡　适　>>>　　＊　教育即是生活。教育即是继续不断的重
　　　　　　　　　新组织经验，要使经验的意义格外增加，
　　　　　　　　　要使个人主宰后来经验的能力格外增加。

杜威的教育哲学（1919 年）/ 138

新文化运动与教育问题（1935 年）/ 154

知识的准备（1941 年）/ 160

考试与教育（1947 年）/ 175

大学教育与科学研究（1947 年）/ 186

中学生的修养与择业（1952 年）/ 192

教师的模范（1960 年）/ 205

蔡 元 培

*

肯努力学问的教师，

不但研究所教的学科，

还要研究教学的方法。

*

肯努力的学生，

不但自身努力学习，

还得辅助同级的同校的学生共同努力；

还得将所得的知识推广到一般民众身上去。

中学的教育

（1920 年）

导读 ＊ 本篇是蔡元培 1920 年在长沙岳云中学发表的演说。他认为，在中学时代，最关键的科目是数学、外国语、国文，也就是我们现在常常提到的"语数外"。同时，他也指出，这些科目光是凭听课是无法真正学好的，更重要的是要靠自己去体悟，在课外下更多的功夫。

我在北京的时候，早知道贵校很有声名的。今天承贵校欢迎，得与诸君谈谈，很觉愉快。但是因为时间仓卒，没有预备，只好以短时间谈一谈中学的教育。

一般办中学的人，大都两种观念：第一是养成中坚人物；第二是预备将来升学。所谓养成中坚人物的，就是安排他们在中学毕业之后，马上就可以去到社会上作事。其实，中学所得的知识很浅，并不能够应用他去作特殊的事业，纵然可以作一点儿，也不过很平常、平常的，甚至变作一个中等游民，也不稀奇的。除了当当绅士之外，简直无所措手足。所以说，要养成中坚人物很难能的了。

德国的学制，文、实分科。中古时代，文科注重拉丁、希腊文，以后科学渐渐发明，始趋重理、数各科，并且因为趋重活的文学的关系，所以把拉丁、希腊的死文学通通去掉了。实科注重理、数各科，但是后来也渐渐地趋重哲学、外国文……又有注重医学的。到了后来，还有些学校对文实两种双方并重的，简直可以说是文实科。照这样看起来，学文科的不能不兼重实科的科学；学实科的同时也不能不兼重文科的科学。这样分科的制度，都是想要达到上面所述的那两个目的。

日本的学制，是仿照德国的，并且把他越弄越笨了。他把中学的目的完全看作养成社会中坚人物，所以在中学的上面有高等学校，为入大学的预备学校。

中国的学制，又纯从日本抄袭出来的，大略与日本相仿佛。因为中学程度不能直接升入大学，所以大学设有预科。但是总计小学、中学的年限共有十一年了，加上大学预科二年，共有十三年，才能达到大学的本科，时间已觉得太长，现在还想在中学加增年限，那就更不经济了。所以有人主张文、实分科，但也未见得就是顶好的法子。譬如大学原来是采分科制的，然而现在也觉得不十分便当，想要把他变通，去掉分科制，何况中学呢。比方文科的哲学，离不掉生物学、物理学、化学学……因为不如是，那范围就未免太小。学理科的人，也不能不知道哲学；学天文学的人，更加不能不知道数学以及其他科学，况且我们应当具有宇宙观的。所以学实科的人，也要知道文科的科学。当然，学其他科的，除对于所专攻的科学以外，有关联的各科，也要达到普通的程度，不能单向一方进行，所以中学要想文、实分科，非常困难。但是，现在已经把国文改为白话，可以免掉专攻国文的功夫，同时可以省得多少时间。外国语一项，普通一般都教些文学书，我以为可以不必专读几本文学书，尽可读些科学读本，如游记……一方面可以学习外国语，他方面可以兼得科学上的知识，把这些所省的时间和精力，去普遍研究科学，年限和分科都不成什么顶难解决的问题了。

外国中学不专靠教科书，常常从书本以外，使学生有自己研究的余地，所以他读的是有用的，是活的科学，毕业以后，出来在社会上作事，很不费力。但是有一种通病，恐怕无论哪国都差不多，所有的教科书，每每不能学完，一方面固然是教员没有统计预算，但他方面还是为着学生没有自己研究的能力，没有自动的精神，所以弄得毕业之后，又不能进大学，简直没有一点事可以干，恰成一个游民。

日本中学是预备作中等社会的人，造成一般中坚分子，倘若自量他的能力不能够入大学毕业，就可不进中学，免得枉费光阴，他便一直入中等实业学校一甲种实业学校，毕业出来，可以独立谋生活，比较我们中国中学毕业生仅仅作一个游民那就好多了。所以我说中学的目的，只是惟一的预备升学。

但是进中学的时候，自己就要注重个人自修，预备将来可以升什么学校。中学生在修业时代，最紧要的科学有三种，分述如下。

（一）数学　因为我们无论将来是进哪一科，哲学或者是文学，通通离不掉数理的羁绊，至于讲到理、数各科，工、农、商科，更不消说了。

（二）外国语　因为中国科学不甚发达，大半都是萌芽时代，要学高深科学，非直接用原本不行，而且在中学时不注意外国语，以后更难了。

（三）国文　我们是中国人，对于本国文学，当然要具有普通的学识，但是不要学什么桐城派，四六文，……。只要对于日常用的具备和发表自己的思想毫无阻碍就够了。

以上这三种，对于升学很有关系，很须注意。但是都不纯粹靠教室内听听时候所能了事的，还是看各个人自修的功夫何如，所以我很希望诸君在课外还要特别留心才是。

我今天所讲的，不是专指贵校说的，是泛论中学的教育，供你们参考罢了。

普通教育和职业教育
——在新加坡南洋华侨中学等校欢迎会的演说词
（1920 年）

导读 * 本文是蔡元培在新加坡南洋华侨中学等校欢迎会上的演说词。他认为："普通教育和职业教育，显有分别：职业教育好像一所房屋，内分教室、寝室等，有各别的用处；普通教育则像一所房屋的地基，有了地基，便可把楼台亭阁等建筑起来。故职业教育所注重的，是专门的技能或知识，有时研究到极精微处，也许有和日常生活绝不相干的情形。"

兄弟已经几次到过新加坡了，今天得有机会，和诸位共话一堂，实在荣幸得很！只是今天没有什么预备，所以不能有多少贡献，还望诸君原谅。

在座诸君，大半是学界中人，因此可知这里的学校多了。我今天就把普通教育和职业教育说一说。刚才从中学校来，知道中学内有商科一班，这却是职业教育的性质，不在普通小学校或中学校的普通教育范围以内。

普通教育和职业教育，显有分别：职业教育好像一所房屋，内分教室、寝室等，有各别的用处；普通教育则像一所房屋的地基，有了地基，便可把楼台亭阁等建筑起来。故职业教育所注重的，是专门的技能或知识，有时研究到极精微处，也许有和日常生活绝不相干的情形。例如研究卫生的，查考起微生虫来，分门别类，精益求精，有一切另外的事都完全不管的态度。这是从事专门学问的特异点。

可是我们要起盖房子时，必得先求地基坚实，若起初不留意，等到高屋将成，才发见地基不稳，才想设法补救，已经来不及了。我刚才讲过普通教育好像房屋的地基一样，所以教育者和被教育者，都要特别注意才是。现今欧美各大学中的课程，非常严重，对于各种基本的知识，差不多不很注意了。为什么呢？因为学生在中小学的时代，早已受了很重的训练，把高深学术的基础筑固了，入大学时自然不觉得困难。若在中小学内，并没有建筑好基础，等到自悟不够时，再要补习起来，那就很不容易了。

因此前年我国审查教育会，把普通教育的宗旨，定为：（一）养成健全的人格，（二）发展共和的精神。

所谓健全的人格，内分四育，即1体育，2智育，3德育，4美育。

这四育是一样重要，不可放松一项的。先讲体育，在西洋有一句成语，叫作健全的精神，宿于健全的身体。足见体育的不可轻忽。不过体育是要发达学生的身体，振作学生的精神，并不是只在赌赛跑跳或开运动会博得名誉体面上头，其所以要比赛或开运动会，只是要引起研究体育的兴味；因恐平时提不起锻炼身体的精神，故不妨常和人家较量较量。我们比不过人家时，便要在平常用功了。其实体育最要紧的，是合于生理。若只求个人的胜利，或一校的名誉，不管生理上有无危险，这不要说于身体上有妨害，且成一种机械的作用，便失却体育的价值了。而且只骛虚名，在心理上亦易受到恶影响。因为常常争赛的结果，可使学生的虚荣心旺盛起来；出去服务社会，一切举动，便也脱不了虚荣心的气味，这是贻害社会不浅的。不过开运动会和竞技等，在平时操练有些呆板乏味时，偶然举行一下，倒很可能调剂机械作用。因变化常态而添出兴趣，是很好的，只要在心理上使学生彻底明白体育的目的，是为锻炼自己的身体，不是在比赛争胜上，要使他们望正鹄作去。

次讲智育，案我们教书，并不是像注水入瓶一样，注满了就算完事。最要是引起学生读书的兴味。作教员的，不可一句一句、或一字一字的，都讲给学生听。最好使学生自己去研究，教员竟不讲也可以，等到学生实在不能用自己的力量了解功课时，才去帮助他。至于常用口头的讲授，或恐有失落系统的毛病，故定出些书本来，而定书本也要看学生的程度，高下适宜才对。作学生的，也不是天天到校把教科书熟读了，就算完事，要知道书本是不过给我一个例子，我要从具体的东西内抽出公例来，好应用到别处去。譬如从书上学到菊花、看见梅花时，便知也是一种植物；从书上学得道南学校、看见端蒙学校，便也知道是什么处所；若果能像这样的应用，就是不能读熟书本，也可说书上的东西都学得了。

再现在各学校内，每把学生分为班次，要知这是不得已的办法，缘学生的个性不同：有的近文学，有的喜算术等；所以各人于各科进步的快慢，也不能一致，但因经济方面，或其他的关系，一时竟没法子想。然亦总须活用为妙。即有特别的天才的，总宜施以特别的教练。在学生方面，也要自省，我于哪几科觉得很困难的，须格外用功些，哪几科觉得特别喜欢的，也不妨多学些。总之，教授求学，两不可呆板便了。

　　至于德育，并不是照前人预定的格言作去就算数。有些人心目中，以为孔子或孟子所讲的总是不差，照他们圣人的话实行去，便是有道德了；其实这种见解，是不对的。什么叫道德，并不是由前人已造成的路走去的意义，乃是在不论何时何地照此作法，大家都能适宜的一种举措标准。是以万事的条件不同，原理则一。譬如人不可只爱自己，于是有些人讲要爱家，这便偏于家庭；或有些人提倡爱群，又偏于群的方面了。可是他的原理，只是爱人一语罢了。故我们要一方考察现时的风俗情形，一方推求出旧道德所以酿成的缘故，拿来比较一下。若是某种旧道德成立的缘故，现在已经没有了，也不妨把他改去，不必去死守他。我此刻在中学校看见办有图书馆、童子军等，这些事物，于许多人很适宜，于四周办事人亦无妨害，这便不是不道德。总之，道德不是记熟几句格言，就可以了事的，要重在实行。随时随地，抱着试验的态度，因为天下没有一劳永逸的事情，若说今天这样，便可永远这样，这是大误。要随时随地，看事势的情形，而改变举措的标准。去批评人家时，也要考察他人所处的环境怎样而下断语才是。

第四美育，从前将美育包在德育里的，为什么审查教育会，要把他分出来呢？因为挽近人士，太把美育忽略了，按我国古时的礼乐二艺，有严肃优美的好处。西洋教育，亦很注意美感的。为要特别警醒社会起见，所以把美育特提出来，与体智德并为四育。

美育之在普通学校内，为图工音乐等课。可是亦须活用，不可成为机械的作用。从前写字的，往往描摹古人的法帖，一点一画，依样葫芦，还要说这是赵字哪，这是柳字哪，其实已经失却生气，和机器差不多，美在哪里？

图画也是如此，从前学子，往往临摹范本，圆的圆，三角的三角，丝毫不变，这亦不可算美。现在新加坡的天气很好，故到处有自然的美，要找美育的材料，很容易。最好叫学生以己意取材，喜图画的，教他图画；喜雕刻的，就教他雕刻；引起他美的兴趣。不然，学生喜欢的不教，不喜欢的硬叫他去作，要求进步，很难说的。象儿童本喜自由游戏，有些人却去教他们很繁难的舞蹈，儿童本喜自由嬉唱，现在的学校内，却多照日本式用1、2、3、4、5、6、7等，填了谱，不管有无意义，教儿童去唱。这样完全和儿童的天真天籁相反。还有看见西洋教音乐，要用风琴的，于是也就买起风琴来，叫小孩子和着唱。实则我们中国，也有箫笛等简单的乐器，何尝不可用？必要事事模仿人家，终不免带着机械性质，于美育上，就不可算是真美。

以上四育，都宜时时试验演进，要一无偏枯，才可教练得儿童有健全的人格。

学校教育注重学生健全的人格，故处处要使学生自动。通常学校的教习，每说我要学生圆就圆，要学生方就方，这便大误。最好使学生自学，教者不宜硬以自己的意思，压到学生身上。不过看各人的个性，去帮助他们作业罢了。但寻常一级的学生，总有二十人左右。一位教员，断不能知道个个学生的个性，所以在学生方面，也应自觉，教我的先生，既不能很知道我，最知我的，便是我自己了。如此，则一切均须自助才好。大概受毕普通教育，至少要获得地平线以上的人格，使四育平均发展。

又我们人类，本是进化的动物，对于现状常觉不满足的。故这里有了小学，渐觉中学的不可少，办了普通教育，又觉职业教育的不可少了。南洋是富于实业的地方，我们华侨初到这里的，大多数从工事入手以创造家业。不过发大财成大功的，都从商务上得来。商业在南洋，的确很当注意的，这里的中学，就应社会的需要，而先办商科。然若进一步去研究，商业的发达，必借原料的充裕，那原料，又怎样能充裕呢？不消说，全在农业的精进了。农业更须种种的农具，要求器械的供给，又宜先开矿才行，这又侧重到工艺上头。按我国制造的幼稚，实在不容不从速补救。开了铁矿自己不会炼钢，却将原料卖给别国，岂不可惜？若精了制造术，便不怕原料的一时跌价，因为我们能自己制造应用品出售，也可不吃大亏啦。

照现在的社会看来，商务的发达，可算到极点了，以后能否保持现状，或更有所进步，这都不能有把握。万一退步起来，那么，急须从根本上补救。象研究农业和开工厂等，都足为经商的后盾，使商务的基础，十分稳固，便不愁不能发展。故学生中有天性近农近工的，不妨分头去研究，切不可都走一条路。

农商工的应用，我们都知道了。但在西洋，这三项都极猛进。而我国自古以农立国，工业一途，亦发达极早。何以到了今日都远不如他们呢？这便因他们有科学的缘故。一个小孩子知识未足时，往往不知事物的源本。所以若去问小孩子，饭是从哪里来的？他便说"从饭桶里来的"。聪明些的，或能说"从锅子里来的"。都不能说从田里来的。我国的农夫，不能使用新法，且连一亩田能出多少米，养活多少人，都不能计算出来，这岂不是和小孩子差不多么？故现在的学生，对于某种科学有特别的兴味的，大可去专门研究。即如性喜音乐的，将来执业于社会，能调养他人的精神，提高社会的文化，也尽有价值，尽早自立。作教师的，不妨去鼓舞他们，使有成功。总之，受毕普通教育，还要力图上进，不可苟安现状。若愁新洲没有专门学校，那可设法回国，或出洋去。

我最后还有几句关于女学校的话要说：这里的学校，固已不少，但可惜还没有女子中学。刚才在中学时，涂先生也曾提及这一层。我想男女都可教育的，况照现在的世界看来，凡男子所能作的，女子也都能作。不过我国男女的界限素严，今年内地各校要试办男女合校时，有许多人反对。若果真大众都以为非分校不可，那就另办一所女子中学也行。若经济问题上，不能另办时，我看也可男女合校的。在美国的学校，大都男女兼收，虽有几校例外，也是历来习惯所致。在欧洲还有把一校划分男女二部的，这也是一种方法。总之，天下无一定不变的程式，只有原理是不差的。我们且把胆子放大了，试试男女合校也好。若家庭中父兄有所怀疑时，就可另办一所女子中学，或把男子中学划分二部，或把讲堂上男女座位分开，便极易办到了。这女子中学一事，只要父兄与学生两方面，多数要求起来，我想一定可以实现的。我今日所说的，就是这些了。

对于师范生的希望

（1921 年）

导读 ＊ 这是蔡元培 1921 年在湖南第一师范学校发表的演说。蔡元培认为，优秀的师范生应该具有广博的知识面，对各科学问都应该有所涉猎，这样才能担负起基础教育的责任。同时，在知识之外，师范生还要成为行为方面的模范，这样才能在教育学生的时候起到言传身教的作用。

在今日看来，无论中外，男女都要受教育，并且所受的教育都要一样的。从前的人以为所学的科学不必相同，有女子须学而男子不应学者，有男子须学而女子不应学者，于是学校有男女之别。社会情形改变，家庭情形亦随之改变：从前只有男子在社会上作事，女子毫不负责任，近年来女子常常代男子作许多社会事业，譬如欧战发生以后，男子都从军去了，女子乃不得不在社会上作事。塞尔维亚的女子也有从军的。照这样看来，男女所作的事，应该相同。中国的教育，男女学校不是平行发达：男子有专门学校，有大学校，女子没有，所以北京大学实行男女同学。中国有男子师范、女子师范，但男女师范之分离，并不是程度上的关系，并不是功课上的关系，不过因仍旧习惯罢了。

师范的性质与中学不同：中学毕业后还要升学；师范毕业，就要当教员。师范是为培植将来的小学教员。诸位是将来的教员，不可不注重学校中一切的科学。中学各科有各科的教员，教师或只教一种科学，小学则不然。小学内常常以一人兼教各种科学。初等小学常以一人兼学校中一切科学，如手工、图画、音乐、体操，所以一个师范生可以办一个小学。师范生的程度，必须各科都好，才能担负这种责任。小学教师正像工人一样，工人的各种器具都完备，才能制造各种东西，小学教师的各种科学都完善，才能得良好的小学教育。所以师范生须兼长并进，不能选此舍彼。

现在的学校多实行选科制，但这种制度只能行之于高等以上的学校，并且学生只有相对的选择，无绝对的选择，除必修科以外的科学，才有选择权。北京大学现行这种制度，如入化学科，有三分之二是必修科，余者可自由选择。又如在每门选一种或几种科学，而不专习某科者谓之旁听生，修业期限无定，学校亦不发毕业证书。学生所选的科学必须经教员审定，因教员知道选何者有益，选何者无益，如走生路，若无人指引，易入歧路。总而言之，高等教育方行选科制，但须教员认定。

普通教育不能行选科制，只可采用选科精神。从前的学生有因一二种科学不及格而降班者，譬如甲长于国文而算术不好，因算术不好降入低年级，使他的国文也不能随高年级听讲。这种办法很不公平。遇了这种情形可用选科的精神，就是甲算术不好，乙国文不好，可令甲乙二人在低年级听算术国文，其余的科学仍随高年级听讲。普通教育，选科的程度至此为止，普通师范学校当然也是这样。

师范生对于各科的知识，必须贯通，各有心得，多看参考书，参观实在情形，心身上才有利益。怎么叫作师范？范就是模范，可为人的榜样。自己的行为要作别人的模范，所以师范生的行为最要紧。模范不是短时间能成就的，须慢慢的养成。

学校内的规则不许你们这样，或不许你们那样，这是消极的。学生知道这些规则对于我们有益，我情愿遵守，才肯入校。所以学校的规则可说不是学校定的，是你们自己定的。学校的规则如很不方便，可求改良，但不得忽然破坏规则。教室内无规则，就没有秩序，你们当教员的时候愿看见这种情形么？

五四以后，社会上很重视学生，但到了现在，生出许多流弊。学生以自己为万能，常常想去干涉社会上的事和政治上的事。如果学校内有一部分人如此，他部分想用功的人也决不能用功了。欧战以来，各国毕业生有许多当兵者，但未毕业的仍旧求学。不求学，专想干涉校外的事，有极大的危险。国家的事不是学生可以解决的，学生运动不过要提醒外界的人，不是能直接解决各种问题。所以用不着常常运动。

五四运动发源于北大，当时这种运动，出于势不得已，非有意干涉政治。现在北大的学生决不肯轻易干涉政治上的事。为什么缘故呢？（一）因学问不充足，办事很困难，办事须从学问上入手，不得不专心求学。（二）觉得中国政治问题层出不穷，若常常干预，必至无暇用功。我出京的时候，他们专心求学以外，只办平民学校，不管别的事情了。

小学教员在社会上的位置最重要，其责任比大总统还大些。你们在学校中如有很好的预备，就能担负这责任，有益于社会真不浅呵！

美育实施的方法
（1922年）

导读 ＊ 蔡元培认为美育要从三个方面展开，即家庭教育、学校教育和社会教育。家庭的美育趁早，注重胎教和幼教；学校的美育要注重多学科融合，提升学生跨界审美能力；社会的美育要系统化，着力打造各个审美场景，随时随地培养学生的审美旨趣。

我国初办新式教育的时候，只提出体育、智育、德育三条件，称为三育。十年来，渐渐地提到美育，现在教育界已经公认了。李石岑先生要求我说说"美育实施的方法"，我把我个人的意见写在下面。

照现在教育状况，可分为三个范围：一、家庭教育；二、学校教育；三、社会教育。我们所说的美育，当然也有这三方面。

我们要作彻底的教育，就要着眼最早的一步。虽不能溢出范围，推到优生学，但至少也要从胎教起点。我从不信家庭有完美教育的可能性，照我的理想，要从公立的胎教院与育婴院着手。

公立胎教院是给孕妇住的，要设在风景佳胜的地方，不为都市中混浊的空气、纷扰的习惯所沾染。建筑的形式要匀称，要玲珑，用本地旧派，略参希腊或文艺中兴时代的气味。凡埃及的高压式，峨特的偏激派，都要避去。四面都是庭园，有广场，可以散步，可以作轻便的运动，可以赏月观星。园中杂莳花木，使四时均有雅丽之花叶，可以悦目。选毛羽秀丽、鸣声谐雅的动物，散布花木中间；须避去用索系猴、用笼装鸟的习惯。引水成泉，勿作激流。汇水成池，蓄美观活泼的鱼。室内糊壁的纸、铺地的毡，都要选恬静的颜色、疏秀的花纹。应用与陈列的器具，要轻便雅致，不取笨重或过于琐巧的。一室中要自成系统，不可混乱。陈列雕刻、图画，都取优美一派；应有健全体格的裸体像与裸体画。凡有粗犷、猥亵、悲惨、怪诞等品，即使描写个性，大有价值，这里都不好加入。

过度激刺的色彩，也要避去。备阅览的文字，要乐观的、和平的；凡是描写社会黑暗方面、个人神经异常的，要避去。每日可有音乐，选取的标准，与图画一样，激刺太甚的、卑靡的，都不取。总之，各种要孕妇完全在乎和活泼的空气里面，才没有不好的影响传到胎儿。这是胎儿的美育。

孕妇产儿以后，就迁到公共育婴院，第一年是母亲自己抚养的；第二、第三年，如母亲要去担任她的专业，就可把婴儿交给保姆。育婴院的建筑，与胎教院大略相同，或可联合一处。其中陈列的雕刻图画，可多选裸体的康健儿童，备种种动静的姿势；隔几日，可更换一套。音乐，选简单静细的。院内成人的言语与动作，都要有适当的音调态度，可以作儿童的模范。就是衣饰，也要有一种优美的表示。

在这些公立机关未成立以前，若能在家庭里面，按照上列的条件小心布置，也可承认为家庭美育。

儿童满了三岁，要进幼稚园了。幼稚园是家庭教育与学校教育的过渡机关，那时候儿童的美感，不但被动的领受，并且自动的表示了。舞蹈、唱歌、手工，都是美育的专课。就是教他计算、说话，也要从排列上、音调上迎合他们的美感，不可用枯燥的算法与语法。

儿童满了六岁，就进小学校，此后十一二年，都是普通教育时期，专属美育的课程，是音乐、图画、运动、文学等。到中学时代，他们自主力渐强，表现个性的冲动渐渐发展，选取的文字、美术，可以复杂一点。悲壮、滑稽的著作，都可应用了。

但是美育的范围，并不限于这几个科目，凡是学校所有的课程，都没有与美育无关的。例如数学，仿佛是枯燥不过的了；但是美术上的比例、节奏，全是数的关系，截金术是最显的例。数学的游戏，可以引起滑稽的美感。几何的形式，是图案术所应用的。理化学似乎机械性了；但是声学与音乐，光学与色彩，密切的很。雄强的美，全是力的表示。美学中有"感情移人"论，把美术品形式都用力来说明他。文学、音乐、图画，都有冷热的异感，可以从热学上引起联想。磁电的吸拒，就是人的爱憎。有许多美术工艺，是用电力制成的。化学实验，常见美丽的光焰；原子、电子的排列法，可以助图案的变化。图画所用的颜料，有许多是化学品。星月的光辉，在天文学上不过映照距离的关系，在文学、图画上便有绝大的魔力。矿物的结晶、闪光与显色，在科学上不过自然的结果，在装饰品便作重要的材料。植物的花叶，在科学上不过生殖与呼吸机关，或供分类的便利；动物的毛羽与声音，在科学上作为保护生命的作用，或雌雄淘汰的结果；在美术、文学上都为美观的材料。地理学上云霞风雪的变态、山岳河海的名胜、文学家美学家的遗迹，历史上文学美术的进化、文学家美术家的轶事，也都是美育的资料。

由普通教育转到专门教育，从此关乎美育的学科，都成为单纯的进行了。爱音乐的进音乐学校，爱建筑、雕刻、图画的进美术学校，爱演剧的进戏剧学校，爱文学的进大学文科，爱别种科学的人就进了别的专科了。但是每一个学校的建筑式、陈列品，都要合乎美育的条件。可以时时举行辩论会、音乐会、成绩展览会、各种纪念会等，都可以利用他来行普及的美育。

学生不是常在学校的，又有许多已离学校的人，不能不给他们一种美育的机会；所以又要有社会的美育。

社会美育，从专设的机关起：

（一）美术馆，搜罗各种美术品，分类陈列。于一类中，又可依时代为次。以原本为主，但别处所藏的图画，最著名的，也用名手的摹本。别处所藏的雕刻，也可用摹造品。须有精印的目录，插入最重要品的摄影。每日定时开馆。能不收入门券费最善，必不得已，每星期日或节日必须免费。

（二）美术展览会，须有一定的建筑，每年举行几次，如春季展览、秋季展览等。专征集现代美术家作品，或限于本国，或兼征他国的。所征不胜陈列，组织审查委员选定。陈列品可开明价值，在会中出售。余时亦可开特别展览会，或专陈一家作品，或专陈一派作品。也有借他国美术馆或私人所藏展览的。

（三）音乐会，可设一定的会场，定期演奏。在夏季也可在公园、广场中演奏。

（四）剧院，可将歌舞剧、科白剧分设两院，亦可于一院中更番演剧。剧本必须出文学家手笔，演员必须受过专门教育。剧院营业，如不敷开支，应用公款补助。

（五）影戏馆，演片须经审查，凡无聊的滑稽剧、凶险的侦探案、卑猥的恋爱剧都去掉。单演风景片与文学家作品。

（六）历史博物馆，所收藏大半是美术品，可以看出美术进化的痕迹。

（七）古物学陈列所，所收藏的大半是古代的美术品，可以考见美术的起源。

（八）人类学博物馆，所收藏的不全是美术品，或者有很丑恶的，但可以比较各民族的美术，或是性质不同，或是程度不同。无论如何幼稚的民族，总有几种惊人的美术品。又往往不相交通的民族，有同性质的作品。很可以促进美术的进步。

（九）博物学陈列所与植物园、动物园，这固然不专为美育而设，但矿物的标本与动植物的化石，或色彩绚烂，或结构精致，或形状奇伟，很可以引起美感。若种种生活的动植物，值得赏鉴，更不待言了。

在这种特别设备以外，又要有一种普遍的设备，就是地方的美化。若只有特别的设备，平常接触耳目的，还是些卑丑的形状，美育就不完全；所以不可不谋地方的美化。

地方的美化：第一是道路。欧洲都市最广的道路，两旁为人行道，其次公车来往道，又间以种树，艺花，及游人列坐的地方二三列，这自然不能常有的。但每条道路，都要宽平。一地方内各条道路，要有一点匀称的分配。道路交叉的点，必须留一空场，置喷泉、花畦、雕刻品等。

第二是建筑。三间东倒西歪屋，固然起脆薄、贫乏的感想；三四层匣子重叠式的洋房，也可起板滞、粗俗的感想。若把这两者并合在一处，真异常难受了。欧美海滨或山坳的别墅团体，大半是一层楼，适敷小家庭居住，二层的已经很少，再高是没有的。四面都是花园，疏疏落落，分开看各有各的意匠，合起来看，合成一个系统。现在各国都有"花园城"的运动，他们的建筑也大概如此。我们的城市改革很难，组织新村的人，不可不注意呵！

第三是公园。公园有两种：一种是有围墙、有门，如北京中央公园，上海黄浦滩外国公园的样子。里面人工的设备多一点，进去有一点制限。还有一种，是并无严格的范围，以自然美为主，最要的是一大片林木，中开无数通路可以散步。有几大片草地可以运动。有一道河流，或汇成小湖，可以行小舟。建筑品不很多，游人可自由出入。在巴黎、柏林等，地价非常昂贵，但是这一类大公园，都有好几所永远留着。

第四是名胜的布置。瑞士有世界花园的称号，固然是风景很好，也是他们的保护点缀很适宜，交通很便利，所以能吸引游人。美国有好几所国家公园，地面很大，完全由国家保护，不能由私人随意占领，所以能保留他的优点，不受损坏。我们国内，名胜很多，但如黄山等，交通不便，颇难游赏。交通较便的如西湖等，又漫无限制，听无知的人造了许多拙劣的洋房，把自然美缀了许多污点，真是可惜。

第五是古迹的保存。新近的建筑，破坏了很不美观。若是破坏的古迹，转可以引起许多历史上的联想，于不完全中认出美的分子来。所以保存古迹，以不改动他为原则。但有些非加修理不可的，也要不显痕迹，且按着原状的派式。并且留得原状的摄影，记述修理情形同时日，备后人鉴别。

第六是公坟。我们中国人的作坟，可算是混乱极了。贫的是随地权厝，或随地作一个土堆子。富的是为了一个死人，占许多土地。石工墓木，也是千篇一律，一点没有美意。照理智方面观察，人既死了，应交医生解剖，若是于后来生理上病理上可备参考的，不妨保存起来。否则血肉可作肥料，骨骼可供雕刻品，也算得是废物利用了。但是人类行为，还有感情方面的吸力，生人对于死人，决不肯把他哀感所托的尸体，简单地处置了。若是照我们南方各省，满山是坟，不但太不经济，也是破坏自然美的一端。现在不如先仿西洋的办法，他们的公坟有两种：一是土葬的，如上海三马路，北京崇文门，都有西洋的公坟。他是画一块地，用墙围着，布置一点林木。要葬的可以指区购定。墓旁有花草，墓上的石碑有花纹、有铭词，各具意匠，也可窥见一时美术的风尚。还有一种是火葬，他们用很庄严的建筑，安置电力焚尸炉。既焚以后，把骨灰聚起来，装在古雅的瓶里，安置在精美石坊的方孔中。所占的地位，比土葬减少，坟园的布置，也很华美。这些办法都比我们的随地乱葬好，我们不妨先采用。

我说美育，一直从未生以前，说到既死以后，可以休了。中间有错误的、脱漏的，我再修补，尤希望读的人替我纠正。

中国教育的发展

（1924 年）

导读 ＊ 在本文中，蔡元培对中国教育发展的过程进行了简要回顾，并得出了需要迫切发展自然科学的结论，这与当时西学东渐的大氛围是相吻合的。

要研究中国教育的发展，首先，有必要对早期的历史作些回顾。早在远古时代，中国的圣哲贤君就非常关心教育问题。他们在治理国家、造福人群的过程中，由于碰到了种种困难，才逐步认识到要使国家达到大治，必须把注意力移向有利于国家前途的教育问题上。

教育问题是舜迫切关心的一个问题。据史家记载，他是有史以来第一个任命一位"司徒"，在最基本的人与人之间的关系方面进行教育的圣人。在教会人们耕作收获、教会他们种植五谷以后，舜命令契教导人们"父子有亲，君臣有义，夫妇有别，长幼有序，朋友有信"。这是孟子在舜死后两千年记录下来的。虽然这句话的根据无可稽考，但是这一史料，仍具有重要的价值，因为它是古典文献中关于我国远古时代教育的最早论述。我们从《书经》中还可以获知另一个史实，它可以使我们进一步了解古代教育的发展。据《尚书·尧典》记载，帝曰："夔！命汝典乐，教胄子，直而温，宽而栗，刚而无虐，简而无傲。"显而易见，他认为"乐"在调谐年轻人的感情方面是颇有益处的，它是一种陶冶性情的训练。这看来是一种必然的发展。其时间远在公元前二十三世纪。当时，教育的主要课题，一方面是强调道德义务；另一方面是培养人们种种善良正直的习性。这就是：为作一个良好的人而进行道德教育，为作一个有德性的人而进行社会教育。这两种思想互相融汇，目的在于建立一种和谐的社会关系。我国古代教育家为此而孜孜努力，实际上也实现了这一目标。

往后（公元前十二世纪），产生了更多的学科。一系列学说开始付诸实施，它包括为贵族阶级规定三德、三行、六艺、六经和尊卑次序；为平民规定六德、六行及六艺。我国古代教育家的教育方法，在某些方面同中国现代从西方各国引进的那些方法极为相似。具体地说，古时人们所谓的道德教育实际上就是现代学校课程中的伦理学，而六艺（即礼、乐、射、御、书、数）中的射、御，相当于我们现在的体育。与道德教育和体育有密切联系的是算术。这就形成了我们今天所称的抽象思维的训练和智力的训练。礼仪的教学于今被认为是一种介乎道德教育与智力训练范围之间的科目。以我们现代的观点来衡量，或从这种教育本身对人的身心和谐予以全力关注这一点来衡量，这个时期（从公元前二十三世纪到孟子的时代），可以认为是一个在教育上取得显著成就的时期。其中，更重大的发展，乃是陈旧的教育机构的衰亡，代之而兴起的，是更大规模的叫作"成均"的大型学院机构。我们对此应该给予充分的评价，它的意义在于创立了现代由国家资助的高等教育机构的雏形。

大约在公元前六世纪左右，我国一些相当于古希腊学院的私学，成为教育界突出的、有影响的组成部分。在这个时期的诸子百家中，开始出现两大显学，这两派的形成是具有重大意义的事情，他们对于各种问题各自作出不同的解释。一方面是孔子以四科，即德行、言语、政事、文学，教导中国；而另一方面则是墨子在策略方面教导中国，他传授一种具有逻辑性的、形象化的辩证的工作方法。虽然如此，墨子对于政治与道德教育的强调仍不亚于孔子。最奇怪的是，在墨子的学说中，还涉及光学和力学，而这些同现代科学竟息息相关。在墨子的著作中，确实提到过物理学与化学，可惜这个天才遭受的是孤军奋战的命运。如果墨子对于科学的伟大思想，不是由于缺乏他同时代的人的支持而停滞不前的话，那么，中国的面貌可能是迥然不同了。

上面所提到的障碍，无疑是由于被混杂着巫术的儒学占了优势地位。巫术者在与墨子学说的斗争中，代表了儒家的传统教义。他们认为万物有灵，对一切社会现象和自然现象，采取神秘的解释，把它们归结为阴、阳两种形式的变化，认为一切事物由五行（即水、木、金、火、土）组成。他们由于受到所掌握的材料的局限，因而在认识上受到严重的限制。而且，更不幸的是，神学化了的儒学，当时无论在官学或在私学中，都占了上风。

公元一世纪时，由于印度哲学开始传入我国，因而在教育方面出现了显著的、极为重要的哲学变化。印度哲学发现自身与老、庄学说相吻合，因此，出现了这三者合流的发展趋势。甚至儒家的学者们，也把他们的道德行为观念和政治观念退到次要的地位，从而兴起了玄学。在公元五世纪，建立了宣传玄学的机构。到公元八世纪，儒学又一次在教育界占支配地位，特别是"四科"再次成为教学原则的具体内容。于是，由印度哲学引起的、历时几百年的扩大知识领域的状况渐渐衰落。从那时起直到十九世纪，学校只采用儒家经典作为教科书，附加一些论述玄学的著作。整整四千年的中国教育，除了有过科学的萌芽以及玄学曾成功地站住过脚以外，可以说，在实际上丝毫没有受到任何外来的影响，它仅仅发生了由简单到复杂的变化。

以上主要是谈了一些古代中国教育的发展，仅限于东方思想范围。我们还必须把我国的教育发展同英国的教育发展作一比较。它们都有令人称道的合理地安排体育与智育的共同思想，都有使学习系统化的共同意向。在礼仪教育方面，我们发现两国的教育，对所谓"礼貌"，都同样采取鼓励的态度。在我国的射、御与英国的竞技精神之间，我们也能发现某些共同点。无论是中国的教育，还是英国的教育，目的都在于塑造人的个性及品质。在这方面，双方对于什么是教育的认识是非常接近的。性格与学业，就孔子的解释而言，应达到和谐一致，而这一点与英国教育所主张的并无差异。

儒家提出"君子"作为教育的理想，要求每一个受教育者都要达到这个目标。这与英国的"绅士"教育完全相同。我们阅读儒家经典，经常见到"君子"这个词。对于这个词，如同英语中"绅士"一词一样，我们发现同样难于领会这个词所体现的丰富而深刻的含义。为了对"君子"一词的含义有所了解，现在就让我们随意听听儒家的一些代表人物及孔子本人的言论。孔子的门徒之一、哲学家曾参曾对孟敬子说："君子所贵乎道者三：动容貌，斯远暴慢矣；正颜色，斯近信矣；出辞气，斯远鄙倍矣。"其他一些人认为君子应该"正其衣冠，尊其瞻视"。随后，他就能矜而不骄，严而不暴。这是中国关于君子仪态的言论，同样也是英国教育家强调宣传的观点。至于说到君子的性情气质，我们发现欣赏正直是一个基本的特点。君子"礼以行之，孙以出之，信以成之"。因此，"君子尊贤而容众，嘉善而矜不能"。至于君子本身，我们发现有这些特点，"知者不惑，仁者不忧，勇者不惧"。怎样才能成为君子呢？"文质彬彬，然后君子。"至于说到道德力量，中国教育家鼓励那些人，"可以托六尺之孤，可以寄百里之命，临大节而不可夺也"，成为君子。"君子和而不同"，"人之生也直"。这是君子的力量与信心。上述这些是实现君子行为的正面例子。反之，对于"乡愿"或"贵胄"则予以强烈的警告与斥责，就如西方国家对伪君子的尖锐抨击一样。这种培养君子的教育，无疑同英国教育相同，在中国教育的发展史上具有同等重要的意义。

以上是英国与中国教育观念的相同之处。下面我们再看看它们的不同点，我们发现有两点不同之处。产生不同点的最显著原因在于下面的事实：一个英国人，当他还在襁褓之中，以及在他后来的成长过程中，就受到某种宗教观念的哺育，逐步形成了他的信仰，而这种信仰是他日后生活的指南。而在中国，除了在极其例外的情况下，父母一般不干涉他们子女接受某种宗教，因此他们的子女有权维护自己的信仰自由。但是社会舆论还是表达了对宗教的赞助。第二，我们看到了英国科学教学设备的优异，也看到了我国这方面的短缺。前一点在现时关系不大。关于后一点，我们应当表示这种愿望：我们的教育应该前进，应该使科学教育得到更大的发展。在英国，不仅大学的实验室有很好的设备，而且在科研团体中，也都有良好的设备。英国有四个直属于教育部的国立博物馆，这些博物馆收藏有各种珍品及独特的标本。因而，在英国有这样一种科学气氛，虽则科学家们必须担负开拓科学领域的重任，但他们的工作受到公众的赞赏与分担，因为公众已认识到科学的重要性及其深远的意义。哲学家、思想家及作家们也同样承认他们对科学应尽的职责，因而不必去冒险凭空建立他们的学说。而中国在这方面却没有什么可与相比。在你们南肯辛顿的科学博物馆及自然历史博物馆中，既有理想设计的蓝图，也有具体成就的实例。人们可以看到这一切一直在对教育施加着很大的影响。但是，在中国，我们的教育至少两千年来没有面向更高的科学教育，而却是用完美的品质去塑造人，赋予他一种文学素养而已。

尽管从公元十三世纪以来，我们在与西方接触的过程中，学到了一些自然科学知识（不包括它的消极因素），但是，在好几个世纪以后，才随着基督教的传入而带来了亚里士多德的逻辑知识，欧氏几何学以及其他应用科学知识。直到近半个世纪，中国才从事教育改革，而且还只限于自然科学的教育改革。中国现在认识到，只有新兴的一代能受到新型的教育，古老的文明才能获得新生。中国教育改革的第一步要达到的，是建立大学与专科学校，这一点已经实现了。一八六五年在上海建立了以科学技术为基础的江南制造局，这个局发展到今天，已占地广阔，规模宏大。接着是一八六七年仿照欧洲学院的形式建立了最早的机械学校。此后，在我们发展教育的早期努力中，技术科学的学校和学院，始终处于领先地位，其他性质的学校也随之纷纷建立。一八六七年建立了马尾船政学堂；一八七六年建立了电报学堂；一八八〇年建立了水师学堂；北洋大学（一八九五年）、南洋公学（一八九七年）以及京师大学堂（一八九八年）等学校也相继建立。另一方面，我们派遣一批青年学生到英国、法国及德国留学，学习造船、工程及其他学科。

作为西学东渐的传播者，他们的学习是卓有成效的。但是只有为数有限的、并经过遴选的学生，才能享受出国留学的权利，即使对他们来说，我们还是没有能够提供足够的学校，使他们在出国前作好充分的准备。上述这些学校，尽管它们本身很有价值，但还是无法解决这个问题。我们的困难就在于目前学校不足。比派遣留学生和建立学校更为重要的是，必须纠正某些不足之处。由于学校设施的缺乏，许多学生便进入教会学校。在那里，他们可以学到一门外语，并能学到应用科学和理论科学的基础知识。为此，我们对这些学校深致敬佩。然而，政府在打算以其他同等的或更高水平的学校来取代教会学校方面，并不甘心落后。教育工作者们在一些会议上，建议向国立学校提供设备，政府在采纳这些建议的基础上，于一九〇二年颁布了一项规章，自那时以来，教会学校的学生数额便逐渐下降。到一九一〇年，据统计，在十四所英、美教会学校中的学生只有一千多名，而仅在国立北京大学一所学校中，就有学生二千三百多名。当然，这主要由于新创建的中国国立学校向他们敞开了大门，但教会学校本身也存在着某些明显的缺点，例如，轻视中国的历史、文学和其他一些学科，等等。众所周知，每当建立一所教会学校，就要宣传某种宗教教义，它造成了新的影响，产生了新的作用，从而与中国的教育传统相抵触。关于这方面，要说的话是很多的。总之，现在有迹象表明，沿着我们自己的教育发展方向的某种趋势正在逐步加强。

以上我概括地叙述了中国在自然科学研究方面的兴趣的发展，以及对理论科学教育和应用科学教育加以扩展的迫切需要，这是颇有意义的。近二三十年来，在我们全国的科学研究中，萌发了一种新的精神。现在，几乎每一所学校都拥有一些同欧洲从事科研工作的学校所拥有的相同的仪器设备，并且还拥有实验室。在每一所实验室，我们都可以看见师生们一起研究科学，诸如物理、化学、生物，等等。特别是我们的大学，它们为科学教育的发展，为科学应用的发展尽了最大的力量，贡献出了最大的能力，并且在此过程中，表示出希望中国在不久的将来，通过科学的发现与工业的发展，对当代世界文化作出新的贡献。但是它们的努力迄今尚未成功。虽然我们无疑地认识到科学探索的价值，认识到它对中国的物质、文化进步来说，是最重要的因素之一，可是，科学精神对我们的影响究竟有多深，科学精神在现实中究竟有多少体现，这还是有问题的。坦率地说，这纯粹是由于我们没有对从事科研的人在设备的维修、应用和经费方面提供种种方便；是由于那些在国外受到科学技术教育的人回国后，很少有机会来继续他们的研究。因此，我国教育家计划仿照南肯辛顿的科学博物馆和自然历史博物馆的方式，创办一所大规模的研究院。该院将由两个部门组成：一个部门收藏科学仪器、设备、各种图表、模型和机械，用以展示物理、化学及其他自然科学的不同的发展阶段和阐述工艺的发展演变过程。另一部门将展出动物及所有其他自然历史的标本，说明它们之间的原始关系，展出微生物及各类动植物标本，逐渐导致到人类学。创办这样一所研究院所必需的经费，据估计为一千万英镑，地点设在南京或北京。但是，目前我们的教育工作者所面临的是，全国普遍感到财政资金短缺，在这种情况下，要中国实现这个计划，看来是有困难的。然而，我们深信其他大国将会采取同中国在科学事业上合作的方式，在某种程度上给予帮助。英国方面，将要退还庚子赔款，我们认为这是一种慷慨、善意的举动。早在一九二二年，英国政府就在口头上通知中国政府。自从那时以来，各国政府也对此日益关心。现在看来，为了纪念中英之间的友谊，应当把退还的庚子赔款用于一种永恒的形式，这是中国教育家经过深思熟虑的意见。它应该被用于创办这所大型的研究院。我们现在完全可以预期，这个研究院将不仅担负进行高等教育、鼓励科学发展的任务，而且还将成为资料与研究的中心。这是全体中国人民特别是教育工作者们在退还庚款问题上的普遍愿望。

在中国的教育发展中，可能还存在着其他的倾向，但是，最重要、最切望的乃是需要建立一所新的科学研究中心，这是需要特别加以强调的。上面概括的，只是我国教育改革的总的发展情况，而不是它的详细情况，尽管每个细节可能是令人感兴趣的，但这里不再详述了。

中国现代大学观念及教育趋向

（1925 年）

导读 ＊ 1925 年 4 月，北大校长蔡元培在德国作了题为"中国现代大学观念及教育趋向"的演讲。在演讲中，蔡元培从北大的改革实践出发，从学科设置、行政组织、学术研究等方面阐述中国大学的发展方向，指出中国大学的办学目标与观念仍不成熟，亟须建立现代大学体制。

在古代中国，文明之根一直没有停止过它的生长，尽管关于这方面的历史记载极少。进行高等教育的机构早在两千年前就出现了，那时称之为"太学"。随后，又从这一初步形式，逐步演变为一种称之为"国子监"的教育制度。它包括伦理教育、政治与文学教育。现在看来，这是必然的发展，并且随着这一发展而增设了包括写与算等更多的学科。但增设的这些科目，在钦定的学校课程中，是无足轻重的。数百年来，教育的目的只有一项，即对人们进行实践能力的训练，使他们能承担政府所急需的工作。总之，古代中国只有一种教育形式，因此，其质与量不能估计过高。

晚清时期，东方出现了急剧的变化。为了维护其社会生存，不得不对教育进行变革。当时摆在我们面前的问题，是要仿效欧洲的形式，建立自己的大学。当这些大学建立了起来并有了良好的管理以后，就成为一支具有我们自己传统教学方法的蓬蓬勃勃的令人称誉的力量。初时的大学，也曾设置了与西方大学的神学科相应的独立的经科。这些大学推行的总方针，还是为了要产生一个于政府有用、能尽忠职守的群体。

随着一九一一年民国的成立，它把政府的控制权移到了民众手中——在大学内部也体现了这种新的精神。最早奏效的改革，是废除经科，从而使大学具备了成立文、理、医、农、工、法、商等科的可能性。作为上述这项方针的结果，一批大学建立了起来，几乎所有这些大学都完全或基本上贯彻了政府关于教育方面的指示。迄今为止，在北京（首都）有国立北京大学，在天津有北洋大学，在太原有山西大学，在南京有国立东南大学，在湖北有武昌大学，以及在首都还有其他一些大学，所有这些大学，皆直属中央政府，经费由中央政府拨给。最近，几所省立大学也相继宣告成立，其他一些则正在筹建之中。直隶的河北大学、沈阳的东北大学、陕西的西北大学、河南的郑州大学、广州的广东大学以及云南的东陆大学，都有了良好的开端。其他各省也都在积极筹建它们本省的大学。一些以办学有方而著称的私立大学，如天津的南开大学和厦门的厦门大学，也是值得一提的。至于那些已获得政府承认的学院，更是不计其数。尽管这些大学所设系、科各不相同，但都有同样的组织形式。它们的目标，不仅在于培养人们的实际工作能力，还在于培养人们在各种知识领域中作进一步深入研究的能力。

下面请允许我以一所具体的大学，即我非常熟悉的国立北京大学的一些情况来对我所谈的加以印证。

众所周知，这所大学由于她的起源及独特的历史而具备较完善的组织系统。根据目前的发展趋势方向，我们很自然地能预见到未来的进展。但是，这种发展趋势和方向的主要特点究竟是什么呢？对此我想说明如下：也许说明整个问题的最简捷的方法，是回顾一下近几年的改革过程，这些改革对北大的发展是有重大意义的。在一九一二年，曾制定了一项扩充北大所有学科的系科计划，但后来鉴于某些系科，例如医科和农科等，宜于归并到其他一些对此已具有良好设备条件的大学中去，因而放弃了这一计划。在考虑了这些情况以后，北大确认对它最必要的，是设置文、理、工、法等科。就这样，北大以这四科发展到一九一六年，成为教育界有影响的组成部分。接着，为了有利于北洋大学和北京工业专门学校，北大又把工科划了出去，以便与上述两校取得协作。随后，不但在国立北京大学，而且在全国范围都发生了一个巨大的变化，那就是：有着众多系科的旧式"大学"（名符其实的"大"学）体制逐渐衰亡，单科（或少数几科）的大学在更具体的规模上兴起。这个变化的最终结果，现在尚无法预测，但就目前而言，其效果是创立了易受中央和地方政府资助的特殊的大学教育形式。由于这个变化，高等教育机构则可能由几个或仅仅一个系（这里所说的"系"与美国大学的"学院"一词同义）组成。

一九二〇年，北大按旧体制建立的文、理、法科被重新改组为以下五个部：

第一部　数学系，物理系，天文系。

第二部　化学系，地质系，生物系。

第三部　心理系，哲学系，教育系。

第四部　中国语言文学系，英国语言文学系，法国语言文学系，德国语言文学系以及行将设置的其他国家的语言文学系。

第五部　经济系，政治系，法律系，史地系。

其他正在考虑开设的系，将按其性质分别归入以上五个部。

当时之所以有这样的改变，其着眼点乃是现行大学制度急需重新厘订，以便适应国家新的需要。此外，还有如下几点原因。

1. 从理论上讲，某些学科很难按文、理的名称加以明确的划分。要精确地限定任何一门学科的范围，不是一件轻而易举的事。例如，地理就与许多学科有关，可以属于几个系：当它涉及地质矿物学时，可归入理科；当它涉及政治地理学时，又可归入法科。再如生物学，当它涉及化石、动植物的形态结构以及人类的心理状态时，可归入理科；而当我们从神学家的观点来探讨进化论时，则又可把它归入文科。至于对那些研究活动中的事物的科学进行知识范围的划分尤为困难。例如，心理学向来被认为是哲学的一个分支，但是，自从科学家通过实验研究，用自然科学的语言表达了人类心理状况以后，他们又认为心理学应属于理科。摆在我们面前的，还有自然哲学（即物理学）这个专门名词，它可以归入理科；而又由于它的玄学理论，可以归入文科。根据这些情况，我们决定不用"科"这个名称，尽管它在中国曾得到广泛的承认，但我们却对这个名称不满意。

2. 就学生方面来说，如果进入一所各科只开设与其他学科完全分开的、只有本科专业课程的大学，那对他的教育将是不利的。因为这样一来，理科学生势必放弃对哲学与文学的爱好，使他们失去了在这方面的造诣机会。结果他的教育将受到机械论的支配。他最终会产生一种错误的认识，认为客观上的社会存在形式是一回事，而主观上的社会存在形式完全是另一回事，两者截然无关。这将导至（致）自私自利的社会或机械社会的发展。

而在另一方面，文科学生因为想回避复杂的事物，就变得讨厌学习物理、化学、生物等科学。这样，他们还没有掌握住哲学的一般概念，就失去了基础，抓不住周围事物的本质，只剩下玄而又玄的观念。因此，我们决心打破存在于从事不同知识领域学习的学生之间的障碍。

3. 现在，我们再看看北大的行政组织。当时的组织系统尽管没有什么人对之有异议，但却存在着很大的问题。内部的不协调，主要在于三个科，每一科有一名学长，惟有他有权管理本科教务，并且只对校长负责。这种组织形式形同专制政府；随着民主精神的高涨，它必然要被改革掉。这一改革，首先是组织了一个由各个教授、讲师联合会组成的更大规模的教授会，由它负责管理各系。同时，从各科中各自选出本系的主任；再从这些主任中选出一名负责所有各系工作的教务长。再由教务长召集各系主任一同合作进行教学管理。至于北大的行政事务，校长有权指定某些教师组成诸如图书委员会、仪器委员会、财政委员会和总务委员会等。每个委员会选出一人任主席，同时，跟教授、讲师组成教授会的方法相同，这些主席组成他们的行政会。该会的执行主席则由校长遴选。他们就这样组成了一个双重的行政管理体制，一方面是教授会；另一方面是行政会。但是，这种组织形式还是不够完善，因为缺少立法机构。因此又召集所有从事教学的人员选出代表，组成评议会。这就是为许多人称道的北京大学"教授治校"制。

如上所说，北大的进步尽管缓慢，但是从晚清至今，这种进步已经是不可逆转的了。这些穷年累月才完成的早期改革，同大学教育的目的与观念有极大的关系。大学教育的目的与观念是明确的，就是要使索然寡味的学习趣味化，激起人们的求知欲望。我们决不把北大仅仅看成是这样一个场所——对学生进行有效的训练，训练他们日后成为工作称职的人。无疑，北大每年是有不少毕业生要从事各项工作的，但是，也还有一些研究生在极其认真地从事高深的研究工作，而且，他们的研究总是及时地受到前辈的鼓励与认可。这里，请允许我说明，北大最近设置了研究生奖学金和其他设施。我们中国自古以来就以宣扬和实践"朴素的生活，高尚的思想"而著称。因此，按照当代学者的看法，这所大学还负有培育及维护一种高标准的个人品德的责任，而这种品德对于作一个好学生以及今后作一个好国民来说，是不可缺少的。

为了对上面所提到的高深研究工作加以鼓励，北大还采取了以下一些措施。

（甲）强调教授及讲师不仅仅是授课，还要不放过一切有利于自己研究的机会，使自己的知识不断更新，保持活力。

（乙）在每一个系，开始了由师生合作进行科学方面及其他方面的研究。

（丙）研究者进行学术讨论有绝对自由，丝毫不受政治、宗教、历史纠纷或传统观念的干扰。即使产生了对立的观点，也应作出正确的判断和合理的说明，避免混战。

为了培养性格、品德，还采取了如下一些措施。

（甲）制定体育教育计划：（1）每年进行各种运动技能比赛。与外界举行比赛和其他的室外比赛，吸引了所有的北大师生，其水准可与西方相比。足球、网球、赛马、游泳、划船等活动同样令人喜爱。（2）可志愿参加某些军训项目，特别是童子军运动正在兴起。

（乙）为培养学生对美术与自然美的鉴赏能力，成立了雕塑研究会和音乐研究会。

（丙）学生们利用课余时间在（为）学校附近的文盲及劳工社会服务，深受公众的赞赏。其中最突出的是在乡村地区开展平民讲习运动和对普通市民开办平民夜校。学生们通过这些活动，极大地促进了自己的身心发展。

当中国的青年一代在思想上接受了新的因素之后，他们对政府与社会问题的态度就变得纷繁复杂了。他们热情奔放地参加一切政治活动，这已在全国各地不同程度地表现出来。这种学生运动虽然是当代所特有的（如巴黎与哈瓦那所报道的那样），但在中国的汉代及明代历史上已早有先例。它只是在近几年中采取了更为激烈的反抗形式而已。学校当局的看法是，如果学生的行为不超出公民身份的范围，如果学生的行为怀有良好的爱国主义信念，那么，学生是无可指责的。学校当局对此应正确判断，不应干预学生运动，也不应把干预学生运动看成是自己对学生的责任。现代的教育已确实把我们的学生从统治者的束缚中解放了出来。总的来说，这场活跃的运动已经在我们年轻一代的思想中灌注了思想、兴趣和为社会服务的真诚愿望，从而赋予他们以创造力和组织力，增强了领导能力，促进了友谊。但是，这也可能使学生本身受害，危及他们已取得的进步。学校当局正是基于这点才以极大的同情与慈爱而保护他们。

上述的概括，可能已足以说明中国大学教育的总的趋向，这是从我在北大任职期间的个人经历中总结出来的。至于中国教育的发展，特别是目前教育的发展，可能还存在其他倾向；即使在北大，这些带有倾向性的改革，不论其是否起了作用，我们认为它还是很不完善的。更确切地说，我们的改革与实验，使我们确信我们的大学目标与观念仍然是很不成熟的。

教与学

（1935年）

导读 ＊ 这篇文章发表于1935年7月《教与学》月刊的创刊号。蔡元培先生针对当时教育界存在的种种弊端，提出了自己的思考，批判了包括"教而不学""学而不教""不教不学"等乱象，对于当下的一线教师，都有现实的借鉴价值。

通常将"教"与"学"分为两事：

（一）"教"指教师教授；

（二）"学"指学生学习。

照我们现在的观察，不能绝对地如此划分，可分三点来说明。

教而不学。有些教师常有保守的习气。这些教师，或缺乏进修方法，或苦无研究机会，对所任教科，或为被动的、非自动的，不感何种兴趣。于是上焉者就教材范围略事准备，下焉者临时敷衍塞责。这种习气，足以使青年学生墨守陈腐的见解，而不易获得广大的知识。我们知道科学的研究与发明，瞬息千里。十年前所发明的定律，现在或许要根本推翻，或许要重新估值。如果将陈腐的知识传授给现代的学生，这些学生，即以教师所传授的陈腐的知识，应付当前的问题或进求高深的学理，试问读者可乎不可？所以我们希望一般教师不只是教，不只是研究教学的方法，还得要继续不断地研究所教的学科，以及所教的有关的学科；组织最新的学理，应用最有效的方法，使学生对于各科获得具体的概念，从而作进一步的研习。这是我们第一点意思。

学而不教。第二点包括两种人：

（一）肯研究学问而不谙教学方法的教师；

（二）肯努力的学生。

好些教师，于所任教科，很能有系统的组织，于相关的学科，亦能多方注意。这种教师，除致力于学科的研究之外，往往忽视教学的方法，虽则他教授的时候，尽可能充实学科的内容，补充较新的材料；因为不谙教学的方法，遂不易引起学生学习的兴趣。至于肯努力的学生，在全校或全级学生中，成绩较优，略窥门径。辅助同学以及指导民众的——如办理民众教育等——固不乏人；还有不少学生，只知个别努力，牺牲切磋的机会，因此教师所传授的学问，亦只囿于学校校门，或囿于肯努力的少数学生，形成教育的浪费，这都是"学而不教"的弊病。我们希望：（一）肯努力学问的教师，不但研究所教的学科，还要研究教学的方法。（二）肯努力的学生，不但自身努力学习，还得辅助同级的同校的学生共同努力；还得将所得的知识推广到一般民众身上去。

不教不学。上述的两种教师，一种是"教而不学"的，一种是"学而不教"的，还有一种是"不教不学"的，这种"不教不学"的教师，于所教的学科，既没有彻底的了解与持续的研究，又不谙教学的方法；或则敷衍了事，或则背诵教本，或则撷拾陈言，自误误人，为害不浅。这是属于教师方面的。学生方面，除了上述的"学而不教"的学生之外，也有不教不学的学生。所谓不教不学的学生，第一是"不学"，不研究学问，不感到学业的乐趣。第二是没有学问足以教人，更没有觉到有教人的必要。青年们呀！我们中国平均一万个人才有一个大学生，一千个人才有一个中学生，你们是一千个人里面或者一万个人里面最幸运的。你们不但自己要努力求学，你还得将你所学的教给一千个人，一万个人。现在有一位陶行知先生竭力推行小先生制度，可以备诸位借鉴的。

最后，我希望教师们、学生们：

（一）从"教而不学"到"既教且学"；

（二）从"学而不教"到"既学且教"；

（三）从"不教不学"到"又教又学"。

更希望《教与学》月刊能适应这三方面的需要。

就任北京大学校长之演说

（1917 年）

导读 ＊ 这是蔡元培在 1917 年就任北京大学校长时发表的演说。蔡元培对学生们提出了三点要求：抱定宗旨、砥砺德行、敬爱师友。希望学生们明确人生目标、尊师重教、以身作则，成为社会楷模。

五年前，严几道先生为本校校长时，余方服务教育部，开学日曾有所贡献于本校。诸君多自预科毕业而来，想必闻知。士别三日，刮目相见，况时阅数载，诸君较昔当必为长足之进步矣。予今长斯校，请更以三事为诸君告。

一曰抱定宗旨。诸君来此求学，必有一定宗旨，欲知宗旨之正大与否，必先知大学之性质。今人肄业专门学校，学成任事，此固势所必然。而在大学则不然，大学者，研究高深学问者也。外人每指摘本校之腐败，以求学于此者，皆有作官发财思想，故毕业预科者，多入法科，入文科者甚少，入理科者尤少，盖以法科为干禄之终南捷径也。因作官心热，对于教员，则不问其学问之浅深，惟问其官阶之大小。官阶大者，特别欢迎，盖为将来毕业有人提携也。现在我国精于政法者，多入政界，专任教授者甚少，故聘请教员，不得不聘请兼职之人，亦属不得已之举。究之外人指摘之当否，姑不具论。然诋谤莫如自修，人讥我腐败，而我不腐败，问心无愧，于我何损？果欲达其作官发财之目的，则北京不少专门学校，入法科者尽可肄业法律学堂，入商科者亦可投考商业学校，又何必来此大学？所以诸君须抱定宗旨，为求学而来。入法科者，非为作官；入商科者，非为致富。宗旨既定，自趋正轨。诸君肄业于此，或三年，或四年，时间不为不多，苟能爱惜光阴，孜孜求学，则其造诣，容有底止。若徒志在作官发财，宗旨既乖，趋向自异。平时则放荡冶游，考试则熟读讲义，不问学问之有无，惟争分数之多寡；试验既终，书籍束之高阁，毫不过问，敷衍三四年，潦草塞责，文凭到手，即可借此活动于社会，岂非与求学初衷大相背驰乎？光阴虚度，学问毫无，是自误也。且辛亥之役，吾人之所以革命，因清廷官吏之腐败。即在今日，吾人对于当轴多不满意，亦以其道德沦丧。今诸君苟不于此时植其基，勤其学，则将来万一因生计所迫，出而任事，担任讲席，则必贻误学生；置身政界，则必贻误国家。是误人也。误己误人，又岂本心所愿乎？故宗旨不可以不正大。此余所希望于诸君者一也。

二曰砥砺德行。方今风俗日偷，道德沦丧，北京社会，尤为恶劣，败德毁行之事，触目皆是，非根基深固，鲜不为流俗所染。诸君肄业大学，当能束身自爱。然国家之兴替，视风俗之厚薄。流俗如此，前途何堪设想。故必有卓绝之士，以身作则，力矫颓俗。诸君为大学学生，地位甚高，肩此重任，责无旁贷，故诸君不惟思所以感己，更必有以励人。苟德之不修，学之不讲，同乎流俗，合乎污世，己且为人轻侮，更何足以感人。然诸君终日伏首案前，营营攻苦，毫无娱乐之事，必感身体上之苦痛。为诸君计，莫如以正当之娱乐，易不正当之娱乐，庶于道德无亏，而于身体有益。诸君入分科时，曾填写愿书，遵守本校规则，苟中道而违之，岂非与原始之意相反乎？故品行不可以不谨严。此余所希望于诸君者二也。

三曰敬爱师友。教员之教授，职员之任务，皆以为诸君求学之便利，诸君能无动于衷乎？自应以诚相待，敬礼有加。至于同学共处一堂，尤应互相亲爱，庶可收切磋之效。不惟开诚布公，更宜道义相勖，盖同处此校，毁誉共之。同学中苟道德有亏，行有不正，为社会所訾詈，己虽规行矩步，亦莫能辩，此所以必互相劝勉也。余在德国，每至店肆购买物品，店主殷勤款待，付价接物，互相称谢，此虽小节，然亦交际所必需，常人如此，况堂堂大学生乎？对于师友之敬爱，此余所希望于诸君者三也。

余到校视事仅数日，校事多未详悉，兹所计划者二事：一曰改良讲义。诸君既研究高深学问，自与中学、高等不同，不惟恃教员讲授，尤赖一己潜修。以后所印讲义，只列纲要，细微末节，以及精旨奥义，或讲师口授，或自行参考，以期学有心得，能裨实用。二曰添购书籍。本校图书馆书籍虽多，新出者甚少，苟不广为购办，必不足供学生之参考，刻拟筹集款项，多购新书，将来典籍满架，自可旁稽博采，无虞缺乏矣。今日所与诸君陈说者只此，以后会晤日长，随时再为商榷可也。

我在北京大学的经历

（1934 年）

导读 ＊ 蔡元培回顾了自己执掌北京大学十余年的经历，阐述了他关于《新青年》杂志、教务人事、学科建设、美育、男女平等等事项上的一些观点，从中可以体察到他对中国教育的深刻思考。

北京大学的名称，是从民国元年起的。民元以前，名为京师大学堂，包有师范馆、仕学馆等，而译学馆亦为其一部。我在民元前六年，曾任译学馆教员，讲授国文及西洋史，是为我在北大服务之第一次。

民国元年，我长教育部，对于大学有特别注意的几点：（一）大学设法、商等科的，必设文科；设医、农、工等科的，必设理科。（二）大学应设大学院（即今研究院），为教授、留校的毕业生与高级学生研究的机关。（三）暂定国立大学五所，于北京大学外，再筹办大学各一所于南京、汉口、四川、广州等处（尔时想不到后来各省均有办大学的能力）。（四）因各省的高等学堂，本仿日本制，为大学预备科，但程度不齐，于入大学时发生困难，乃废止高等学堂，于大学中设预科（此点后来为胡适之先生等所非难，因各省既不设高等学堂，就没有一个荟萃较高学者的机关，文化不免落后；但自各省竞设大学后，就不必顾虑了）。

是年，政府任严又陵君（严复）为北京大学校长。两年后，严君辞职，改任马相伯君。不久，马君又辞，改任何锡侯君，不久又辞，乃以工科学长胡次珊君代理。民国五年冬，我在法国，接教育部电，促回国，任北大校长。我回来；初到上海，友人中劝不必就职的颇多，说北大太腐败，进去了，若不能整顿，反于自己的声名有碍。这当然是出于爱我的意思。但也有少数的说，既然知道他腐败，更应进去整顿，就是失败，也算尽了心。这也是爱人以德的说法。我到底服从后说，进北京。

我到京后，先访医专校长汤尔和君，问北大情形。他说："文科预科的情形，可问沈尹默君；理工科的情形，可问夏浮筠君。"汤君又说:"文科学长如未定,可请陈仲甫君。陈君现改名独秀,主编《新青年》杂志,确可为青年的指导者。"因取《新青年》十余本示我。我对于陈君,本来有一种不忘的印象,就是我与刘申叔君同在《警钟日报》服务时,刘君语我:"有一种在芜湖发行之白话报,发起的若干人,都因困苦及危险而散去了,陈仲甫一个人又支持了好几个月。"现在听汤君的话,又翻阅了《新青年》,决意聘他。从汤君处探知陈君寓在前门外一旅馆,我即往访,与之订定。于是陈君来北大任文科学长,而夏君原任理科学长,沈君亦原任教授,一仍旧贯;乃相与商定整顿北大的办法,次第执行。

我们第一要改革的,是学生的观念。我在译学馆的时候,就知道北京学生的习惯。他们平日对于学问上并没有什么兴会,只要年限满后,可以得到一张毕业文凭。教员是自己不用功的,把第一次的讲义,照样印出来,按期分散给学生,在讲坛上读一遍,学生觉得没有趣味,或瞌睡,或看看杂书,下课时,把讲义带回去,堆在书架上。等到学期、学年或毕业的考试,教员认真的,学生就拼命的连夜阅读讲义,只要把考试对付过去,就永远不再去翻一翻了。要是教员通融一点，学生就先期要求教员告知他要出的题目，至少要求表示一个出题目的范围；教员为避免学生的怀恨与顾全自身的体面起见，往往把题目或范围告知他们了。于是他们不用功的习惯，得了一种保障了。尤其北京大学的学生，是从京师大学堂老爷式学生嬗继下来（初办时所收学生，都是京官，所以学生都被称为老爷，而监督及教员都被称为中堂或大人）。他们的目的，不但在毕业，而尤注重在毕业以后的出路。所以专门研究学术的教员，他们不见得欢迎。要是点名时认真一点，考试时严格一点，他们就借个话头反对他，虽罢课也所不惜。若是一位在政府有地位的人来兼课，虽时时请假，他们还是欢迎得很，因为毕业后可以有阔老师作靠山。这种科举时代遗留下来的劣根性，是于求学上很有妨碍的。所以我到校后第一次演说，就说明："大学学生，当以研究学术为天职，不当以大学为升官发财之阶梯。"然而要打破这些习惯，只有从聘请积学而热心的教员着手。

那时候因《新青年》上文学革命的鼓吹，而我们认识留美的胡适之君，他回国后，即请到北大任教授。胡君真是"旧学邃密"而且"新知深沉"的一个人，所以一方面与沈尹默、兼士兄弟，钱玄同、马幼渔、刘半农诸君以新方法整理国故，一方面整理英文系。因胡君之介绍而请到的好教员，颇不少。

我素信学术上的派别是相对的，不是绝对的；所以每一种学科的教员，即使主张不同，若都是"言之成理、持之有故"的，就让他们并存，令学生有自由选择的余地。最明白的是胡适之君与钱玄同君等绝对的提倡白话文学，而刘申叔、黄季刚诸君仍极端维护文言的文学；那时候就让他们并存。我信为应用起见，白话文必要盛行，我也常常作白话文，也替白话文鼓吹；然而我也声明：作美术文，用白话也好，用文言也好。例如我们写字，为应用起见，自然要写行楷，若如江艮庭君的用篆隶写药方，当然不可；若是为人写斗方或屏联，作装饰品，即写篆隶章草，有何不可？

那时候各科都有几个外国教员，都是托中国驻外使馆或外国驻华使馆介绍的，学问未必都好，而来校既久，看了中国教员的阑珊，也跟了阑珊起来。我们斟酌了一番，辞退几人，都按着合同上的条件办的。有一法国教员要控告我，有一英国教习竟要求英国驻华公使朱尔典来同我谈判，我不答应。朱尔典出去后，说："蔡元培是不要再作校长的了。"我也一笑置之。

我从前在教育部时，为了各省高等学堂程度不齐，故改为各大学直接的预科。不意北大的预科，因历年校长的放任与预科学长的误会，竟演成独立的状态。那时候预科中受了教会学校的影响，完全偏重英语及体育两方面；其他科学比较的落后，毕业后若直升本科，发生困难。预科中竟自设了一个预科大学的名义，信笺上亦写此等字样。于是不能不加以改革，使预科直接受本科学长的管理，不再设预科学长。预科中主要的教课，均由本科教员兼任。

我没有本校与他校的界限，常为之通盘打算，求其合理化。是时北大设文、理、工、法、商五科，而北洋大学亦有工、法两科。北京又有一工业专门学校，都是国立的。我以为无此重复的必要，主张以北大的工科并入北洋，而北洋之法科，刻期停办。得北洋大学校长同意及教育部核准，把土木工与矿冶工并到北洋去了。把工科省下来的经费，用在理科上。我本来想把法科与法专并成一科，专授法律，但是没有成功。我觉得那时候的商科，毫无设备；仅有一种普通商业学教课，于是并入法科，使已有的学生毕业后停止。

我那时候有一个理想，以为文、理两科，是农、工、医、药、法、商等应用科学的基础，而这些应用科学的研究时期，仍然要归到文、理两科来。所以文、理两科，必须设各种的研究所；而此两科的教员与毕业生必有若干人是终身在研究所工作，兼任教员而不愿往别种机关去的。所以完全的大学，当然各科并设，有互相关联的便利。若无此能力，则不妨有一大学专办文、理两科，名为本科；而其他应用各科，可办专科的高等学校，如德、法等国的成例，以表示学与术的区别。因为北大的校舍与经费，决没有兼办各种应用科学的可能，所以想把法律分出去，而编为本科大学；然没有达到目的。

那时候我又有一个理想，以为文、理是不能分科的。例如文科的哲学，必植基于自然科学；而理科学者最后的假定，亦往往牵涉哲学。从前心理学附入哲学，而现在用实验法，应列入理科；教育学与美学，也渐用实验法，有同一趋势。地理学的人文方面，应属文科，而地质地文等方面属理科。历史学自有史以来，属文科，而推原于地质学的冰期与宇宙生成论，则属于理科。所以把北大的三科界限撤去而列为十四系，废学长，设系主任。

我素来不赞成董仲舒罢黜百家、独尊孔氏的主张。清代教育宗旨有"尊孔"一款，已于民元在教育部宣布教育方针时说他不合用了。到北大后，凡是主张文学革命的人，没有不同时主张思想自由的；因而为外间守旧者所反对。适有赵体孟君以编印明遗老刘应秋先生遗集，贻我一函，属约梁任公、章太炎、林琴南诸君品题。我为分别发函后，林君复函，列举彼对于北大怀疑诸点；我复一函，与他辩。这两函颇可窥见那时候两种不同的见解，所以抄在下面。

这两函虽仅为文化一方面之攻击与辩护，然北大已成为众矢之的，是无可疑了。越四十余日，而有五四运动。我对于学生运动，素有一种成见，以为学生在学校里面，应以求学为最大目的，不应有何等政治的组织。其有年在二十岁以上对于政治有特殊兴趣者，可以个人资格参加政治团体，不必牵涉学校。所以民国七年夏间，北京各校学生，曾为外交问题，结队游行，向总统府请愿；当北大学生出发时，我曾力阻他们，他们一定要参与；我因此引咎辞职。经慰留而罢。到八年五月四日，学生又有不签字于巴黎和约与罢免亲日派曹、陆、章的主张，仍以结队游行为表示，我也就不去阻止他们了。他们因愤激的缘故，遂有焚曹汝霖住宅及攒殴章宗祥的事，学生被警厅逮捕者数十人，各校皆有，而北大学生居多数；我与各专门学校的校长向警厅力保，始释放。但被拘的虽已保释，而学生尚抱再接再厉的决心，政府亦且持不作不休的态度。都中喧传政府将明令免我职而以马其昶君任北大校长，我恐若因此增加学生对于政府的纠纷，我个人且将有运动学生保持地位的嫌疑，不可以不速去。乃一面呈政府，引咎辞职，一面秘密出京，时为五月九日。

那时候学生仍每日分队出去演讲，政府逐队逮捕，因人数太多，就把学生都监禁在北大第三院。北京学生受了这样大的压迫，于是引起全国学生的罢课，而且引起各大都会工商界的同情与公愤，将以罢工、罢市为同样之要求。政府知势不可侮，乃释放被逮诸生，决定不签和约，罢免曹、陆、章，于是五四运动之目的完全达到了。

五四运动之目的既达，北京各校的秩序均恢复，独北大因校长辞职问题，又起了多少纠纷。政府曾一度任命胡次珊君继任，而为学生所反对，不能到校；各方面都要我复职。我离校时本预定决不回去，不但为校务的困难，实因校务以外，常常有许多不相干的缠绕，度一种劳而无功的生活，所以启事上有"杀君马者道旁儿；民亦劳止，汔可小休；我欲小休矣"等语。但是隔了几个月，校中的纠纷，仍在非我回校不能解决的状态中，我不得已，乃允回校。回校以前，先发表一文，告北京大学学生及全国学生联合会，告以学生救国，重在专研学术，不可常为救国运动而牺牲。到校后，在全体学生欢迎会演说，说明德国大学学长、校长均每年一换，由教授会公举，校长且由神学、医学、法学、哲学四科之教授轮值，从未生过纠纷，完全是教授治校的成绩。北大此后亦当组成健全的教授会，使学校决不因校长一人的去留而起恐慌。

那时候蒋梦麟君已允来北大共事，请他通盘计划，设立教务、总务两处；及聘任、财务等委员会，均以教授为委员。请蒋君任总务长，而顾孟余君任教务长。

北大关于文学、哲学等学系，本来有若干基本教员，自从胡适之君到校后，声应气求，又引进了多数的同志，所以兴会较高一点。预定的自然科学、社会科学、文学、国学四种研究所，只有国学研究所先办起来了。在自然科学与社会科学方面，比较的困难一点。自民国九年起，自然科学诸系，请到了丁燮甫、颜任光、李润章诸君主持物理系，李仲揆君主持地质系。在化学系本有王抚五、陈聘丞、丁庶为诸君，而这时候又增聘程寰西、石蘅青诸君。在生物学系本已有钟宪鬯君在东南西南各省搜罗动植物标本，有李石曾君讲授学理，而这时候又增聘谭仲逵君。于是整理各系的实验室与图书室，使学生在教员指导之下，切实用功；改造第二院礼堂与庭园，使合于讲演之用。在社会科学方面，请到王雪艇、周鲠生、皮皓白诸君；一面诚意指导提起学生好学的精神，一面广购图书杂志，给学生以自由考索的工具。丁燮甫君以物理学教授兼预科主任，提高预科程度。于是北大始达到各系平均发展的境界。

我是素来主张男女平等的。九年，有女学生要求进校，以考期已过，姑录为旁听生。及暑假招考，就正式招收女生。有人问我："兼收女生是新法，为什么不先请教育部核准？"我说："教育部的大学令，并没有专收男生的规定；从前女生不来要求，所以没有女生；现在女生来要求，而程度又够得上，大学就没有拒绝的理。"这是男女同校的开始，后来各大学都兼收女生了。

我是佩服章实斋先生的。那时候国史馆附设在北大，我定了一个计划，分征集、纂辑两股；纂辑股又分通史、民国史两类；均从长编入手。并编历史辞典。聘屠敬山、张蔚西、薛阆仙、童亦韩、徐贻孙诸君分任征集编纂等务。后来政府忽又有国史馆独立一案，别行组织。于是张君所编的民国史，薛、童、徐诸君所编的辞典，均因篇帙无多，视同废纸；只有屠君在馆中仍编他的蒙兀儿史，躬自保存，没有散失。

我本来很注意于美育的，北大有美学及美术史教课，除中国美术史由叶浩吾君讲授外，没有人肯讲美学。十年，我讲了十余次，因足疾进医院停止。至于美育的设备，曾设书法研究会，请沈尹默、马叔平诸君主持。设画法研究会，请贺履之、汤定之诸君教授国画；比国楷次君教授油画。设音乐研究会，请萧友梅君主持。均听学生自由选习。

我在爱国学社时，曾断发而习兵操，对于北大学生之愿受军事训练的，常特别助成；曾集这些学生，编成学生军，聘白雄远君任教练之责，亦请蒋百里、黄膺白诸君到场演讲。白君勤恳而有恒，历十年如一日，实为难得的军人。

我在九年的冬季，曾往欧美考察高等教育状况，历一年回来。这期间的校长任务，是由总务长蒋君代理的。回国以后，看北京政府的情形，日坏一日，我处在与政府常有接触的地位，日想脱离。十一年冬，财政总长罗钧任君忽以金佛郎问题被逮，释放后，又因教育总长彭允彝君提议，重复收禁。我对于彭君此举，在公议上，认为是蹂躏人权献媚军阀的勾当；在私情上，罗君是我在北大的同事，而且于考察教育时为最密切的同伴，他的操守，为我所深信，我不免大抱不平，与汤尔和、邵飘萍、蒋梦麟诸君会商，均认有表示的必要。我于是一面递辞呈，一面离京。隔了几个月，贿选总统的布置，渐渐的实现；而要求我回校的代表，还是不绝，我遂于十二年七月间重往欧洲，表示决心；至十五年，始回国。

那时候，京津间适有战争，不能回校一看。十六年，国民政府成立，我在大学院，试行大学区制，以北大划入北平大学区范围，于是我的北京大学校长的名义，始得取消。

综计我居北京大学校长的名义，十年有半；而实际在校办事，不过五年有半，一经回忆，不胜惭悚。

我的读书经验

（1935 年）

导读 ＊ 在本文中，蔡元培做了一番谦虚的自我反思，他认为自己没有什么成就，实为读书不得法的缘故，并把不得法的概略写出来，以为前车之鉴。从他的反躬自省当中，我们可以领略到不少读书的技巧和方法。

我自十余岁起，就开始读书；读到现在，将满六十年了，中间除大病或其他特别原因外，几乎没有一日不读点书的，然而我没有什么成就，这是读书不得法的缘故。我把不得法的概略写出来，可以作前车之鉴。

我的不得法，第一是不能专心。我初读书的时候，读的都是旧书，不外乎考据、词章两类。我的嗜好，在考据方面，是偏于诂训及哲理的，对于典章名物，是不大耐烦的；在词章上，是偏于散文的，对于骈文及诗词，是不大热心的。然而以一物不知为耻，种种都读；并且算学书也读，医学书也读，都没有读通。所以我曾经想编一部说文声系义证，又想编一本公羊春秋大义，都没有成书。所为文辞，不但骈文诗词，没有一首可存的，就是散文也太平凡了。到了四十岁以后，我开始学德文，后来又学法文，我都没有好好儿作那记生字、练文法的苦工，而就是生吞活剥地看书，所以至今不能写一篇合格的文章，作一回短期的演说。在德国进大学听讲以后，哲学史、文学史、文明史、心理学、美学、美术史、民族学，统统去听，那时候，这几类的参考书，也就乱读起来了。后来虽勉自收缩，以美学与美术史为主，辅以民族学；然而这类的书终不能割爱，所以想译一本美学，想编一部比较的民族学，也都没有成书。

　　我的不得法，第二是不能勤笔。我的读书，本来抱一种利己主义，就是书里面的短处，我不大去搜寻它，我只注意于我所认为有用的或可爱的材料。这本来不算坏。但是我的坏处，就是我虽读的时候注意于这几点，但往往为速读起见，无暇把这几点摘抄出来，或在书上作一点特别的记号。若是有时候想起来，除了德文书检目特详，尚易检寻外，其他的书，几乎不容易寻到了。我国现在有人编"索引""引得"，等等。又专门的辞典，也逐渐增加，寻检较易。但各人有各自的注意点，普通的检目，断不能如自己记别的方便。我尝见胡适之先生有一个时期，出门常常携一两本线装书，在舟车上或其他忙里偷闲时翻阅，见到有用的材料，就折角或以铅笔作记号。我想他回家后或者尚有摘抄的手续。我记得有一部笔记，说王渔洋读书时，遇有新隽的典故或词句，就用纸条抄出，贴在书斋壁上，时时览读，熟了就揭去，换上新得的。所以他记得很多。这虽是文学上的把戏，但科学上何尝不可以仿作呢？我因为从来懒得动笔，所以没有成就。

我的读书的短处，我已经经验了许多的不方便，特地写出来，望读者鉴于我的短处，第一能专心，第二能勤笔。这一定有许多成效。

我在教育界的经验

（1937年）

导读 ＊ 在本文中，蔡元培回顾了自己在教育界的职业生涯，提出他在北大时重要的办学理念，即和而不同、兼收并蓄。"我对于各家学说，依各国大学通例，循思想自由原则，兼容并包。无论何种学派，苟其言之成理，持之有故，尚不达自然淘汰之运命，即使彼此相反，也听他们自由发展。"

我自六岁至十七岁，均受教育于私塾；而十八岁至十九岁，即充塾师（民元前二十九年及二十八年）。二十八岁又在李莼客先生京寓中充塾师半年（前十八年）。所教的学生，自六岁至二十余岁不等。教课是练习国文，并没有数学与其他科学。但是教国文的方法，有两件是与现在的教授法相近的：一是对课，二是作八股文。对课与现在的造句法相近。大约由一字到四字，先生出上联，学生想出下联来。不但名词要对名词，静词要对静词，动词要对动词；而且每一种词里面，又要取其品性相近的。例如先生出一"山"字，是名词，就要用"海"字或"水"字来对他，因为都是地理的名词。又如出"桃红"二字，就要用"柳绿"或"薇紫"等词来对他；第一字都用植物的名词，第二字都用颜色的静词。别的可以类推。这一种工课，不但是作文的开始，也是作诗的基础。所以对到四字课的时候，先生还要用圈发的法子，指示平仄的相对。平声字圈在左下角，上声在左上角，去声右上角，入声右下角。学生作对子时，最好用平声对仄声，仄声对平声（仄声包上、去、入三声）。等到四字对作得合格了，就可以学五言诗，不要再作对子了。

八股文的作法，先作破题：只两句，把题目的大意说一说。破题作得合格了，乃试作承题，约四五句。承题作得合格了，乃试作起讲，大约十余句。起讲作得合格了，乃作全篇。全篇的作法，是起讲后，先讲领题，其后分作八股（六股亦可），每两股都是相对的。最后作一结论。由简而繁，确是一种学文的方法。但起讲、承题、破题，都是全篇的雏形；那时候作承题时仍有破题，作起讲时仍有破题、承题，作全篇时仍有破题、承题、起讲，实在是重床叠架了。

我三十二岁（前十四年）九月间，自北京回绍兴，任中西学堂监督，这是我服务于新式学校的开始。这个学堂是用绍兴公款设立的。依学生程度，分三斋，略如今日高小、初中、高中的一年级。今之北京大学校长蒋梦麟君、北大地质学教授王烈君，都是那时候第一斋的小学生。而现任中央研究院秘书的马祀光君、任浙江教育厅科员的沈光烈君，均是那时候第三斋的高才生。外国语原有英、法二种，我到校后又增日本文。教员中授哲学、文学、史学的有马湄莼、薛阆轩、马水臣诸君，授数学及理科的有杜亚泉、寿孝天诸君，主持训育的有胡钟生君，在当时的绍兴，可为极一时之选。但教员中颇有新旧派别，新一点的，笃信进化论，对于旧日尊君卑民，重男轻女的旧习，随时有所纠正，旧一点的不以为然。后来旧的运动校董，出面干涉，我遂辞职（前十三年）。

我三十五岁（前十一年）任南洋公学特班教习。那时候南洋公学还只有小学、中学的学生；因沈子培监督之提议，招特班生四十人，都是擅长古文的；拟授以外国语及经世之学，备将来经济特科之选。我充教授，而江西赵仲宣君、浙江王星垣君相继为学监。学生自由读书，写日记，送我批改。学生除在中学插班习英文外，有愿习日本文的；我不能说日语，但能看书，即用我的看书法教他们，他们就试译书。每月课文一次，也由我评改。四十人中，以邵闻泰（今名力子）、洪允祥、王世、胡仁源、殷祖同、谢忧（今名无量）、李叔同（今出家号弘一）、黄炎培、项骧、贝寿同诸君为高才生。

我三十六岁（前十年），南洋公学学生全体退学，其一部分借中国教育会之助，自组爱国学社，我亦离公学，为学社教员。那时候同任教员的吴稚晖、章太炎诸君，都喜倡言革命，并在张园开演说会，凡是来会演说的人，都是讲排满革命的。我在南洋公学时，所评改之日记及月课，本已倾向于民权女权的提倡，及到学社，受激烈环境的影响，遂亦公言革命无所忌。何海樵君自东京来，介绍我宣誓入同盟会，又介绍我入一学习炸弹制造的小组（此小组本只六人，海樵与杨笃生、苏凤初诸君均在内）。那时候学社中师生的界限很宽，程度较高的学生，一方面受教，一方面即任低级生的教员；教员热心的，一方面授课，一方面与学生同受军事训练。社中军事训练，初由何海樵、山渔昆弟担任，后来南京陆师学堂退学生来社，他们的领袖章行严、林力山二君助何君。我亦断发短装与诸社员同练步伐，至我离学社始已。

爱国学社未成立以前，我与蒋观云、乌目山僧、林少泉（后改名白水）、陈梦坡、吴彦复诸君组织一女学，命名"爱国"。初由蒋君管理，蒋君游日本，我管理。初办时，学生很少；爱国学社成立后，社员家中的妇女，均进爱国女学，学生骤增。尽义务的教员，在数理方面，有王小徐、严练如、钟宪鬯、虞和钦诸君；在文史方面，有叶浩吾、蒋竹庄诸君。一年后，我离爱国女学。我三十八岁（前八年）暑假后，又任爱国女学经理。又约我从弟国亲及龚未生、俞子夷诸君为教员。自三十六岁以后，我已决意参加革命工作。觉得革命只有两途：一是暴动，一是暗杀。在爱国学社中竭力助成军事训练，算是下暴动的种子。又以暗杀于女子更为相宜，于爱国女学，预备下暗杀的种子。一方面受苏凤初君的指导，秘密赁屋，试造炸药，并约钟宪鬯先生相助，因钟先生可向科学仪器馆采办仪器与药料。又约王小徐君试制弹壳，并接受黄克强、蒯若木诸君自东京送来的弹壳，试填炸药，由孙少侯君携往南京僻地试验。一方面在爱国女学为高才生讲法国革命史、俄国虚无党历史，并由钟先生及其馆中同志讲授理化，学分特多，为练制炸弹的预备。年长而根底较深的学生如周怒涛等，亦介绍入同盟会，参加秘密小组。

我三十九岁（前七年），又离爱国女学。嗣后由徐紫则、吴书箴、蒋竹庄诸君相继主持，爱国女学始渐成普通中学，而脱去从前革命性的特殊教育了。

四十岁（前六年），我到北京，在译学馆任教习，讲授国文及西洋史，仅一学期，所编讲义未完，即离馆。

四十一岁至四十五岁（前五年至一年），又为我受教育时期。第一年在柏林，习德语。后三年，在莱比锡，进大学。

四十六岁（民国元年），我任教育总长，发表《对于教育方针之意见》，据清季学部忠君、尊孔、尚公、尚武、尚实的五项宗旨而加以修正，改为军国民教育、实利主义、公民道德、世界观、美育五项。前三项与尚武、尚实、尚公相等，而第四、第五两项却完全不同，以忠君与共和政体不合，尊孔与信仰自由相违，所以删去。至提出世界观教育，就是哲学的课程，意在兼采周秦诸子、印度哲学及欧洲哲学以打破二千年来墨守孔学的旧习。提出美育，因为美感是普遍性，可以破人我彼此的偏见；美感是超越性，可以破生死利害的顾忌，在教育上应特别注重。对于公民道德的纲领，揭法国革命时代所标举的自由、平等、友爱三项，用古义证明说："自由者，'富贵不能淫，贫贱不能移，威武不能屈'是也；古者盖谓之义。平等者，'己所不欲，勿施于人'是也；古者盖谓之恕。友爱者，'己欲立而立人，己欲达而达人'是也；古者盖谓之仁。"

学部旧设普通教育、专门教育两司；改教育部后，我为提倡成人教育、补习教育起见，主张增设社会教育司。

我与次长范静生君常持相对的循环论，范君说："小学没有办好，怎么能有好中学？中学没有办好，怎么能有好大学？所以我们第一步，当先把小学整顿。"我说：

"没有好大学，中学师资哪里来？没有好中学，小学师资哪里来？所以我们第一步，当先把大学整顿。"把两人的意见合起来，就是自小学以至大学，没有一方面不整顿。不过他的兴趣，偏于普通教育，就在普通教育上多参加一点意见。我的兴趣，偏于高等教育，就在高等教育上多参加一点意见罢了。

我那时候，鉴于各省所办的高等学堂，程度不齐，毕业生进大学时，甚感困难，改为大学预科，附属于大学。又鉴于高等师范学校的科学程度太低，规定逐渐停办；而中学师资，以大学毕业生再修教育学的充之。又以国立大学太少，规定于北京外，再在南京、汉口、成都、广州各设大学一所。后来我的朋友胡君适之等，对于停办各省高等学堂，发见一种缺点，就是每一省会，没有一种吸集学者的机关，使各省文化进步较缓。这个缺点，直到后来各省竞设大学时，才算补救过来。

清季的学制，于大学上，有一通儒院，为大学毕业生研究之所。我于大学令中改名为大学院，即在大学中，分设各种研究所。并规定大学高级生必须入所研究，俟所研究的问题解决后，始能毕业（此仿德国大学制）。但是各大学未能实行。

清季学制，大学中仿各国神学科的例，于文科外又设经科。我以为十四经中，如《易》《论语》《孟子》等，已入哲学系；《诗》《尔雅》，已入文学系；《尚书》、三礼、《大戴记》、春秋三传，已入史学系；无再设经科的必要，废止之。

我认大学为研究学理的机关，要偏重文理两科，所以于大学令中规定：设法商等科而不设文科者不得为大学；设医工农等科而不设理科者，亦不得为大学；但此制迄未实行。而我于任北大校长时，又觉得文理二科之划分，甚为勉强；一则科学中如地理、心理等，兼涉文理；二则习文科者不可不兼习理科，习理科者不可不兼习文科。所以北大的编制，但分十四系，废止文理法等科别。

我五十一岁至五十八岁（民国六年至十二年），任国立北京大学校长。民国五年，我在法国，接教育部电，要我回国，任北大校长。我遂于冬间回来。到上海后，多数友人均劝不可就职，说北大腐败，恐整顿不了。也有少数劝驾的，说：腐败的总要有人去整顿，不妨试一试。我从少数友人的劝，往北京。

北京大学所以著名腐败的缘故，因初办时（称京师大学堂）设仕学、师范等馆，所收的学生，都是京官。后来虽逐渐演变，而官僚的习气，不能洗尽。学生对于专任教员，不甚欢迎，较为认真的，且被反对。独于行政、司法界官吏兼任的，特别欢迎；虽时时请假，年年发旧讲义，也不讨厌，因有此师生关系，毕业后可为奥援。所以学生于讲堂上领受讲义，及当学期、学年考试时要求题目范围特别预备外，对于学术，并没有何等兴会。讲堂以外，又没有高尚的娱乐与自动的组织，遂不得不于学校以外，竟为不正当的消遣。这就是著名腐败的总因。我于第一次对学生演说时，即揭破"大学学生，当以研究学术为天职，不当以大学为升官发财之阶梯"云云。于是广延积学与热心的教员，认真教授，以提起学生研究学问的兴会。并提倡进德会（此会为民国元年吴稚晖、李石曾、张溥泉、汪精卫诸君发起，有不赌、不嫖、不娶妾的三条基本戒，又有不作官吏、不作议员、不饮酒、不食肉、不吸烟的五条选认戒），以挽奔竞及游荡的旧习；助成体育会、音乐会、画法研究会、书法研究会，以供正当的消遣；助成消费公社、学生银行、校役夜班、平民学校、平民讲演团与《新潮》等杂志，以发扬学生自动的精神，养成服务社会的能力。

北大的整顿，自文科起。旧教员中如沈尹默、沈兼士、钱玄同诸君，本已启革新的端绪；自陈独秀君来任学长，胡适之、刘半农、周豫才、周岂明诸君来任教员，而文学革命、思想自由的风气，遂大流行。理科自李仲揆、丁巽甫、王抚五、颜任光、李书华诸君来任教授后，内容始以渐充实。北大旧日的法科，本最离奇，因本国尚无成文之公、私法，乃讲外国法，分为三组：一曰德、日法，习德文、日文的听讲；二曰英美法，习英文的听讲；三曰法国法，习法文的听讲。我深不以为然，主张授比较法，而那时教员中能授比较法的，止有王亮畴、罗钧任二君。二君均服务司法部，止能任讲师，不能任教授。所以通盘改革，甚为不易。直到王雪艇、周鲠生诸君来任教授后，始组成正式的法科，而学生亦渐去猎官的陋见，引起求学的兴会。

我对于各家学说，依各国大学通例，循思想自由原则，兼容并包。无论何种学派，苟其言之成理，持之有故，尚不达自然淘汰之运命，即使彼此相反，也听他们自由发展。例如陈君介石、陈君汉章一派的文史，与沈君尹默一派不同；黄君季刚一派的文学，又与胡君适之的一派不同；那时候各行其是，并不相妨。对于外国语，也力矫偏重英语的旧习，增设法、德、俄诸国文学系，即世界语亦列为选科。

那时候，受过中等教育的女生，有愿进大学的；各大学不敢提议于教育部。我说：一提议，必通不过。其实学制上并没有专收男生的明文；如招考时有女生来报名，可即著录；如考试及格，可准其就学。请从北大始。于是北大就首先兼收女生，各大学仿行，教育部也默许了。

我于民国十二年离北大，但尚居校长名义，由蒋君梦麟代理，直到十五年自欧洲归来，始完全脱离。

我六十一岁至六十二岁（十六年至十七年）任大学院院长。大学院的组织，与教育部大概相同，因李君石曾提议试行大学区制，选取此名。大学区的组织，是摹仿法国的。法国分全国为十六大学区，每区设一大学，区内各种教育事业，都由大学校长管理。这种制度优于省教育厅与市教育局的一点，就是大学有多数学者，多数设备，决非厅局所能及。我们为心醉合议制，还设有大学委员会，聘教育界先进吴稚晖、李石曾诸君为委员。由委员会决议，先在北平（包河北省）、江苏、浙江试办大学区。行了年余，常有反对的人，甚至疑命名"大学"，有蔑视普通教育的趋势，提议于大学院外再设一教育部的。我遂自动的辞职，而政府也就改大学院为教育部；试办的三大学区，从此也取消了。

我在大学院的时候，请杨君杏佛相助。我素来宽容而迂缓，杨君精悍而机警，正可以他之长补我之短。正与元年我在教育部时，请范君静生相助，我偏于理想，而范君注重实战，以他所长补我之短一样。

大学院时代，院中设国际出版品交换处，后来移交中央研究院，近年又移交中央图书馆。

大学院时代，设国立音乐学校于上海，请音乐专家萧君友梅为校长（第一年萧君谦让，由我居校长之名）。增设国立艺术学校于杭州，请图画专家林君风眠为校长。又计划第一次全国美术展览会，但此会开办时，我已离大学院了。

大学院时代，设特约著作员，聘国内在学术上有贡献而不兼有给职者充之，听其自由著作，每月酌送补助费。

吴稚晖、李石曾、周豫才诸君皆受聘。

　　我于六十一岁时，参加中央政治会议，曾与吴稚晖、李石曾、张静江诸君提议在首都、北平、浙江等处，设立研究院，通过。首都一院，由大学院筹办，名曰国立中央研究院。十七年开办，我以大学院院长兼任中央研究院院长。我离大学院后，专任研究院院长，与教育界虽非无间接的关系，但对于教育行政，不复参与了。

蒋 梦 麟

*

教育的意义，

从心理方面讲，贵在教育儿童的本能；

从社会方面讲，贵在以社会已有的文明，

灌输给儿童，使他将来在社会上可得正当的生活。

*

教育与职业

（1917年）

导读 ＊ 蒋梦麟认为文化教育和职业教育各有侧重，教育界对此应有清醒的认识，因为不是所有的学生都有机会接受大学教育，所以职业教育更能解决实际的就业问题。这个观点放在今天来看，仍然具有重要的借鉴价值。

教育，一方法也，以此方法而解决国家、社会、个人、职业种种之问题者也。教育而不能解决问题，则是教育之失败也。故必先有问题而后有教育，无问题而言教育，则凿空而已矣，幻想而已矣。国家有问题，故有国家教育，社会有问题，故有社会教育，个人有问题，故有个人教育，职业有问题，故有职业教育。

教育为方法，国家为问题，则曰国家教育；教育为方法，社会、个人为问题，则曰社会教育、曰个人教育；教育为方法，职业为问题，则曰职业教育。

故职业教育无他，提出职业上种种问题，而以教育为解决之方法而已。非谓职业之外无教育也，亦非谓倡职业教育而推翻他种教育也。第以他种教育有研究之机关，而职业教育独阙如，同人等尤之，故设机关而研究焉。

职业之界说。职业英字曰 vocation，言操一技之长而借以求适当之生活也。例如制鞋，技也，以制鞋而求生活，则此制鞋即职业也；制机器，技也，以制机器而求生活，则此制机器即职业也；植果木，技也，以植果木而求生活，则此植果木即职业也；能簿记，技也，以簿记而求生活，则此簿记即职业也；洗衣，技也，以洗衣而求生活，则此洗衣即职业也。制机器，工之一也。聚类此者而概言之，曰工业。植果木，农之一也。聚类此者而概言之，曰农业。簿记，商之一也。聚类此者而概言之，曰商业。洗衣，家政之一也。聚类此者而概言之，曰家政。农、工、商、家政四者，职业中之四大类。欧美各国所公认者也（按法国尚有航业一类）。凡职业中所发生种种问题，不外乎此四大类，故言职业教育，有（一）农业教育，（二）工业教育，（三）商业教育，（四）家政教育之分。

高等专门与职业。凡卒业于大学而得一技之长，借以求适当之生活者，曰高等专门。英字曰 profession，本亦职业之一部分。然近今所谓职业教育者，中等程度以下为限，大学不与焉。

学校与职业。学校为推行教育之机关，故即为间接解决国家、社会、个人、职业及种种问题之机关。学校非专为职业而设，举学校而尽讲职业教育，则偏矣。职业教育为二十世纪工业社会之一大问题，吾国青年之立身，国家之致富，多是赖焉。举学校而尽排除职业教育，则偏矣。吾辈今日所欲研究之问题，非谓因提倡职业教育，将取文化教育（cultural education）而代之也。不过以文化教育有不能解决之问题，提倡职业教育，希有以解决之耳。若社会无职业之必要，青年受文化教育而即有谋生之能力，则所谓职业教育者。特赘旒耳，又何提倡之足云。

学校，一中心点也，社会所呈之种种问题，环而拱之，咸欲入其门墙以求解决之方。为彼学校者，处今日复杂之社会，面种种不解之问题，其困难之状况概可想见。然不能以学校已处困难之地位，而置重要问题于不顾。中华职业教育社之倡设，将以合群众之力，而助学校解决一重要之问题耳。

　　文化教育与职业教育。今之重文化教育者曰，文化教育，立国做人之基础也。斯言也，同人亦绝对赞成之。何也？盖文化者，所以增人生之价值，促人类之进步，人种之文野，胥由是而别焉。然以今日社会之状况而论，受四年初等小学教育后，能入高等小学者有几人乎？高等小学卒业后，能入中学者有几人乎？中学卒业后，能入大学者，又有几人乎？夫由初小、由高小、由中学，而直达大学卒业之学生，其大多数固能养成高等专门之学（profession），然其余不能由下级而达上级者，皆无一技之长，以谋独立之生计。此种学生，听其自然乎？抑将设法以补救之乎？如曰听其自然，则学校者徒为社会养成高等之游民耳，抑何贵乎教育？如曰补救之，舍职业教育其奚出耶？

高等学术为教育学之基础

（1918年）

导读 ＊ 蒋梦麟解析了教育的三种性质，一是全生之科学（能够丰富人生，使人生更圆满）；二是利群之科学（成就自己、成就他人，使社会更和谐）；三是复杂之科学（建立在其他科学的基础上）。

自十九世纪科学发达以来，西洋学术，莫不以科学方法为基础；即形而上学，亦以此为利器。至今日一切学问，不能与科学脱离关系；教育学亦然。故今日之教育，科学的教育也。舍科学的方法而言教育，是凿空也，是幻想也。幻想凿空，不得谓二十世纪之学术。

二十世纪之学术，既为科学的，然科学厥有二种：曰纯粹科学，曰实践科学，或曰应用科学。纯粹科学，独立而不依，不藉他科学为基础，如物理、化学、算学是。实践科学，又曰复杂科学，不能离他科学而独立，如工程学、政治学、教育学是。工程学之基础，物理、化学、算学也。政治学之基础，历史、地理、人种、理财、心理、社会诸学也。教育既非纯粹科学，必有藉乎他科学。然则其所凭藉者，为何科乎？曰：欲言其所凭藉，必先言教育学之性质。

（一）教育为全生之科学。何谓全生？在英字为 complete living，即言享受人生所赐予之完满幸福。英儒斯宾塞，以教育为预备人类生活之方法。分此方法为四步：直接保护生命者为第一步；间接保护生命者为第二步；保护传种为第三步；供给消遣娱乐为第四步。（见斯宾塞 *Education*）直接保护生命者，例如衣食住是也。间接保护生命者，例如政府社会是也。保护传种者，例如嫁娶是也。供给娱乐者，例如文学美术渔猎旅行是也。是数者备，则全生矣。子华子：全生为上，亏生次之，死又次之，迫生为下。全生者，六情皆得其宜也。亏生者，六情分得其宜也。迫生者，六情莫得其宜也。斯宾塞之论全生，以生理学为起点。子华子则以人之情感为起点，其起点虽不同，而将欲达乎全生则一也。社会进化，人类生活，日趋丰富；教育者，所以达此丰富生活之方法也。

（二）教育为利群之科学。明德新民，己欲立而立人，个人与社会，固相成而谋人类进化者，社会愈开明，则个人之生活愈丰富；个人生活丰富之差度，则亦与社会程度之高低成正比例。盖合健全之个人，而后始有健全之社会。故求全生而广大之，即所以利群，利群即所以求全生也。社会不振，个人之自由，必为之压迫；个人之幸福，必为之剥削；则亏生者众矣。故全生者，教育之目的；利群者，达此目的之一方法也。

（三）教育为复杂之科学。人生至繁，即以物质上言之，一人之所需，百工斯为备。若概精神而言之，则所需之广，何啻倍蓰。教育既以人生为主体，故凡关乎人生之问题，必加研究，教育之事遂繁。此必赖乎各种科学为之基，综核其所得之真理而利用之，此即二十世纪新教育之方法也。爰撮大要，为表如下：

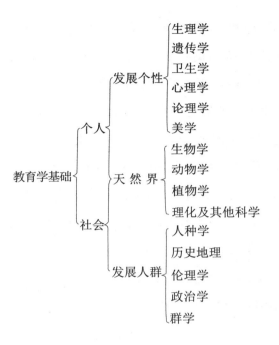

复杂之科学，既有赖乎他种科学；教育学之有赖乎高等学术也明矣。观上表，知教育学不能离他科学而独立；则其有赖乎高等学术也更明矣。

离社会则不能言教育，舍个人则更不能言教育。盖个人为教育之体，社会为教育之用，两者兼则教育之体用备。然将何以达此体用乎？曰：此即有赖乎高等学术也。个性将何以发展乎？曰：必先习乎生理、遗传、卫生、心理、论理、美感诸学。人群将何以发展乎？曰：必先习乎人种、历史、地理、伦理、政治、群学诸科。个人与社会，日与天然界接触；且事事物物，皆在天然律范围之内。即宋儒所谓事事物物皆有至理。朱子解理字曰：理有二方面，曰：何以如此？曰：所以如此。所以如此者，天然律之体。何以如此者，天然律之用。欲识天然律之体用，必先习乎生物、动物、植物、理化诸科。

以上所述各科学，凡研究较深者，皆得称之曰高等学术。不博通乎此，则不可以研究教育。以西洋而论，大教育家中如亚里士多德（Aristotle）、马丁·路德（Martin Luther）、福洛倍尔（Froebel）、斯宾塞（Spencer）诸子，何一非大学问家？以吾国而论，大教育家中如孟子、荀子、程明道、伊川、陆象山、朱晦庵、胡安定、王阳明诸子，何一非大儒？即以现今西洋社会而论，彼握教育枢纽者，谁非为人所信仰之学问家？其教育院中之学子，何一非兼长他学？有真学术，而后始有真教育家。吾国自有史以来，学问之堕落，于今为甚。今不先讲学术，而望有大教育家出，是终不可能也。无大教育家出，而欲解决中国教育之根本问题，是亦终不可能也。或曰："方今士夫，竞为虚浮，欺世盗名，弁髦学术。子毋作迂阔之言而自速讪谤！"余曰：其然乎？是诚余之迂也。

个人之价值与教育之关系

（1918 年）

导读 ＊ 蒋梦麟认为，教育的根本使命在于因材施教，进而使个人能发挥其最大的人生价值。所以，好的教育首先要懂得尊重个人及个人价值。

教育有种种问题，究其极，则有一中心问题存焉。此中心问题惟何？曰做人之道而已。做人之道惟何？曰增进人类之价值而已。欲增进人类之价值，当知何者为人类之价值。然泛言人类之价值，则漫无所归。且人之所以贵于他动物者，以具人类之普通性外，又具有特殊之个性。人群与牛群羊群不同。牛羊之群，群中各个无甚大别，此牛与彼牛相差无几也，此羊与彼羊相差亦无几也。人群之中，则此个人与彼个人相去远甚：有上智，有下愚；有大勇，有小勇，有无勇；有善舞，有善弈，有善射，有善御。皆以秉性与环境之不同，而各成其材也。故欲言人类之价值，当先言个人之价值。不知个人之价值者，不知人类之价值者也。人类云者，不过合各个人而抽象以言之耳。

陆象山曰："天之所以与我者，至大至刚，问尔还要做堂堂底一个人么？"此言个人之价值也。我为个人，天之所以与我者，至大至刚，我当尊之敬之。尔亦为个人，天之所以与尔者，亦至大至刚，我亦当尊之敬之。个人之价值，即尔、我、他各个人之价值。识尔、我、他之价值，即知个人之价值矣。个人云者，与尔、我、他有切肤之关系。尊敬个人，即尊敬尔、我、他。非于尔、我、他之外，复有所谓抽象的个人也。

我国旧时之社会，由家族结合之社会也，故合君、臣、父、子、兄、弟、夫、妇、朋友为群。今日文明先进国之社会，由个人结合之社会也，故合尔、我、他各个人而成群。由家族结合之社会，其基础在明君、贤臣、慈父、孝子。由个人结合之社会，其基础在强健之个人。

何谓强健之个人？其能力足以杀人以利己者，非强健之个人乎？曰，非也。杀人以利己，是病狂也。犹醉酒而胆壮，非胆壮也，酒为之也；其能力足以杀人，非能力大也，利诱之也。强健之个人，不当如醉汉之狂妄，而当若猛将之奋勇。

"天之所以与我者，至大至刚。"我当如猛将之临阵，奋勇直前，以达此至大至刚之天性，而养成有价值之个人。做人之道，此其根本。

此"至大至刚"者何物乎？曰凡事之出于天者，皆"至大至刚"。卢梭曰："天生成的都好，人造的都不好。"此即承认人之天性为"至大至刚"。教育当顺此天性而行。象山曰："教小儿先要教其自立。"自立者，以其所固有者而立之，非有待于外也。

个人各秉特殊之天性，教育即当因个人之特性而发展之，且进而至其极。我能思，则极我之能而发展我之思力至其极。我身体能发育，则极我之能而发展我之体力至其极。我能好美术，则极我之能而培养我之美感至其极。我能爱人，则极我之能而发展我之爱情至其极。各个人秉赋之分量有不同，而欲因其分量之多少而至其极则同。此孔子所谓至善，亚里士多德所谓"summum bonum"（译即至善）。

个人之价值，即存于尔、我、他天赋秉性之中。新教育之效力，即在尊重个人之价值。所谓"自由"，所谓"平等"，所谓"民权""共和""言论自由""选举权""代议机关"，皆所以尊重个人之价值也。不然，视万民若群羊，用牧民政策足矣，何所用其"言论自由"？何所用其"选举权"乎？牧民政策，仁者牧之，不仁者肉之，牧之始，肉之兆也。故牧民政策之下，个人无位置，尽群羊而已。共和政体之下，选举之权，尽操于个人，此即尊重各人之价值也。政治因尊重个人，故曰共和，曰民权。教育因尊重个人，故曰自动，曰自治，曰个性。

我一特殊之个人也，尔一特殊之个人也，他一特殊之个人也。因尊重个人之价值，我尊重尔，尔尊重我，我与尔均尊重他，他亦还以尊重尔与我，我、尔、他，均各尊重自己。人各互尊，又各自尊，各以其所能，发展"至大至刚"之天性。个人之天性愈发展，则其价值愈高。一社会之中，各个人之价值愈高，则文明之进步愈速。吾人若视教育为增进文明之方法，则当自尊重个人始。

进化社会的人格教育

（1918 年）

导读 ＊ 蒋梦麟认为在一个文明进步的社会当中，人格教育应该摆在非常重要的地位。而人格教育的目的就是培养具有独立人格和清晰头脑的优秀人才，能够担负社会责任，推动社会进步。

何谓人格？本个人固有之特性，具独立不移之精神，其蕴也如白玉，其发也如春日，而此特性，此精神，即所谓人格也。以此为目的之教育，即所谓人格教育也。

何谓进化社会？进化社会有三条件：一曰社会所贮蓄之文明，能日日加增也。不能保守固有之文明，不必言进化。能保守矣而不能加增，亦不能言进化。故进化社会，须日日加增其文明也。二曰社会之度量，能包容新思想也。退化的社会，度量狭窄，凡有新学说出现，必挫折之，使无存在之机会，而后乃快。有清之文字狱，与俄帝国时代之压制言论自由，即其例也。三曰大多数之人民，能享文化之权利也。如文化限于少数之人，则此少数人之思想纵或高尚，往往与一般普通社会相扞格。其结果也，于俄国则酿成虚无党，于中国则养成迂远不切事务之书呆子。少数之人，高谈阔论，不可一世，而多数国民，其劳力如牛马，其愚鲁如蠢豕，社会之前程，遂黑暗而无光。

以上之三条件具而后社会始能进化。故个人之居进化社会中，当负此三种之责任。欲负此三种之责任，必先养成有负此责任之能力。

此能力之基础有二：一曰能行，二曰能思。所谓能思者，养成清楚之头脑，并有肝胆说出其思想，不可抄人成语，亦不可唯唯诺诺的随人脚跟后讲胡话。所谓能行者，做事担得起责任，把肩膀直起来，万斤肩仔我来当。夫如是，始能增加文化，生出新思想。致使大多数人民能享文化之权利，则须仗教育之普及。

进化社会的人格。　本上文人格之定义，与夫进化社会之条件，个人能力之基础，而作进化社会的人格之解释曰：本个人固有之特性，具独立不移之精神，其蕴也如白玉，其发也如春日，具清楚之头脑，担当万斤肩仔之气概，能发明新理而传布之，勇往直前，活泼不拘，居于一社会中，能使社会进步，而此特性，此精神，即所谓进化社会的人格也。以此为目的之教育，即所谓进化社会的人格教育也。

改变人生的态度

（1919 年）

导读 ＊ 蒋梦麟认为，生而为人，需有鲜明的人生态度，明确自己的人生目标，而确立人生态度的方法则是"推翻旧习惯旧思想。研究西洋文学、哲学、科学、美术。把自己认作活泼泼底一个人"。

我生在这个世界，对于我的生活，必有一个态度；我的能力，就从那方面用。人类有自觉心后，就生这个态度。这个态度变迁，人类用力的方向，也就变迁。

希腊时代，那半岛的人民，抱美感生活的态度。"美是希腊做人的中心点。"（Dickinson，*Greek View of Life*，p.187）"无论宗教、伦理和种种人生的活动，都不能和美感分离。"（ibid，p.728）"希腊的神，以世间最美丽的东西代表他。"（maxims of Tyie）希腊人对于生活抱这美的态度，所以产生许多美术品和美的哲学，希腊文明就成了近世西洋文明的基础。罗马时代，人民对于生活，抱造成伟业的态度，所以建雄伟的国家、统一的法律、宏壮的建筑、广阔的道路。凡读史的人，哪一个不仰慕罗马人的伟业呢？罗马帝国灭亡，中古世起，一千年中，欧洲在黑暗里边。那时候人民对于生活的态度，是在空中求天国，这个世界是忘却了。所以这千年中，这世界无进步。

十五世纪初，文运复兴（通译文艺复兴），这态度大变，中古世人的态度，是神学的，是他世界的，文运复兴时代人的态度，是这世界的，是承认这活泼泼的个人的。丹麦哲学家霍夫丁氏（Hoffding）著《近世哲学史》，对于文运复兴说道：

文运复兴是一个时代，在这一时代内，中古世狭窄生活的观念，是打破了。新天新地生出来，新能力发展起来。凡新时代必含两时期:(一)从旧势力里面解放出来，(二)新生活发展起来。

文运复兴的起始，是要求人类本性的权利，后来引到发展自然界的新观念和研究的新方法。

这个人类生活的新态度，把做人的方向，从基本上改变了，成一个新人生观。这新人生观，生出一个新宇宙观；有这新人生观，所以这许多美术、哲学、文学蓬蓬勃勃地开放出来。有这新宇宙观，所以自然科学就讲究起来。人类生活的态度，因为生了基本的变迁，所以酿成文运复兴时代。

西洋人民，自文运复兴时代改变生活以后，一向从那方面走——从发展人类的本性和自然科学的方面走——愈演愈大，酿成十六世纪的大改革，十八世纪的大光明，十九世纪的科学时代，二十世纪的平民主义。大改革是什么呢？宗教里边，闹出了一个发展人类的本性问题。大光明是什么呢？政治里边，闹出一个发展人类的本性问题。科学时代是什么呢？要战胜天然，使地上的天产为人类丰富生活的应用。

当人类以旧习惯、旧思想、旧生活为满足的时候，其态度不过保守旧有的文物制度。把一切的感情都束缚住了；这活泼泼的人，一旦从绳索里跳出来，好像一头牛跑到瓷器店里，把那高阁的盆碗都撞破了。所以人的感情一旦解放，就把那旧有的文物制度都打破。

文运复兴、大改革、大光明、科学时代，都是限于中等社会以上的。文运复兴不过限于几个文学家、美术家、哲学家的活动。大改革、大光明也不到中等社会以下的平民。科学的应用，也不过限于有财资的少数人。所以世界进化，要产出二十世纪的平民主义来。托尔斯泰说：

近世的医学新发明、医院、摩托车和种种科学上的发明，都是为富人应用的，平民哪得享受这些权利；故我以为真科学不是这些物质科学。真科学是孔子、耶稣、佛的科学（按此指尊重人道而言）。（Tolstoi, *What is to be done*？）

从文运复兴人类生活抱新态度为起点，这八百年中，欧洲演出了多少事。请问我国于元、明、清三朝内，做些什么？朝代转移，生活的态度不变，跑来，跑去，终跑不出个小生活的范围。

我要问一句，活泼泼的人到哪里去了？你有感情，为何不解放？你有思想，为何不解放？你所具的人类本性的权利放弃了，为何不要求？

这回"五四"运动，就是这解放的起点，改变你做人的态度，造成中国的文运复兴；解放感情，解放思想，要求人类本性的权利。这样做去，我心目中见那活泼泼的青年，具丰富的红血轮，优美和快乐的感情，敏捷锋利的思想，勇往直前，把中国萎靡不振的社会，糊糊涂涂的思想，畏畏缩缩的感情，都一一扫除。凡此等等，若非从基本上改变生活的态度做起，东补烂壁，西糊破窗，愈补愈烂，愈糊愈破，怎样得了！

读了上文后，于人生态度，改变的必要，大概明白了。我现在把这个意思收束起，简单的提两个问题：

人生的态度从哪一个方向改变呢？

从小人生观到大人生观——从狭窄的生活到广阔的生活；从薄弱的生活到丰富的生活；从简单的生活到复杂的生活。

从家族的生活到社会的生活。

从单独的生活到团体的生活。

从模仿的生活到创造的生活。

从古训的生活到自由思想的生活。

从朴陋的生活到感美的生活。

人生的态度用什么方法来改变呢？

推翻旧习惯旧思想。

研究西洋文学、哲学、科学、美术。

把自己认作活泼泼底一个人。

旧己譬如昨日死；新己譬如今日生。要文运复兴，先要把自己复生。

为什么要教育

（1920 年）

导读 ＊ 蒋梦麟眼中教育的意义分为两方面，一是从心理方面讲，贵在教育儿童的本能；二是从社会方面讲，贵在以社会已有的文明，灌输给儿童，使他将来在社会上可得正当的生活。

教育二字的解释，其说不一，不能遍举。大多数的人，大约都以为教育是万能的，是可以强国的；因为他们看着俾士麦注重小学教育而一战胜法，日本也因注重教育而胜强俄。也有些人以为教育就是教导儿童做好人。其实都不是教育的真实。教育的真义，从心理方面讲，贵在教育儿童的本能；从社会方面讲，贵在以社会已有的文明，灌输给儿童，使他将来在社会上可得正当的生活。

再生时代（renaissance）以前，个人很受束缚；到了十八世纪，卢梭主张释放个人，提倡个人主义的教育，注重个人的发展；到了十九世纪，又进一步，以为教育所以促全社会的进化，应该于发展个人以外，还须谋全社会的均等发展。

研究教育，又须分作心理及教授法两方面。

（一）心理方面

教育在使个人发展本能，使与社会环境适合，并且同时要培养他，使有改良环境的能力。我们常听杜威先生讲道："问题总是发生于环境有病的时候，如社会问题及政治问题，必发生于社会及政治有病的时候。"讲到教育，也何尝不是如此。假设各个人的本能，都能自然而然的充分发展，毫无不健全的状态，那末，教育便直是废物。所以教育是人类本能的指导者，扶助他，带领他，使他向正路上去，像大禹治水一般。这是教育的宗旨。

（二）教授法方面

教授法就是教育的方法，是求如何可以实行他的宗旨的手段。研究方法是进化的一大原因，近世各种学术的进化，都因为注重方法论。中国从前讲教育，从前没有提出过一个明了的方法。朱子主张"今日格一物，明日格一物，到功夫纯熟的时候，自能豁然贯通"，固然没有说甚么方法，但是主张释放个人的陆象山、王阳明，一说先执大端，自能逐节而解，一说要求良知良能，也不曾说出一个切实的办法。

　　讲教育必须先研究几种基本科学，如心理学、生理学、生物学、社会学等，而尤以自然科学为最重要。近代教育的进步，即在采用自然科学的方法来研究，一方面可以得真实的根据，一方面可以免凿空的弊病。至于如何可以发达个人的本能，将来讲儿童心理时再说。

北大之精神

（1923 年）

导读 ＊ 蒋梦麟总结北大精神时谈到两个特质，一是大度包容的精神，二是思想自由的精神。

本校屡经风潮，至今犹能巍然独存，决非偶然之事。这几年来，我们全校一致的奋斗，已不止一次了。当在奋斗的时候，危险万状，本校命运有朝不保夕之势；到底每一次的奋斗，本校终得胜利，这是什么缘故呢？

第一，本校具有大度包容的精神。俗语说："宰相肚里好撑船。"这是说一个人能容，才可以做总揽万机的宰相。若是气度狭窄，容不了各种的人，就不配当这样的大位。凡历史上雍容有度的名相，无论经过何种的大难，未有不能巍然独存的。千百年后，反对者、讥议者的遗骨已经变成灰土；而名相的声誉犹照耀千古，"时愈久而名愈彰"。

个人如此，机关亦如此。凡一个机关只能容一派的人，或一种的思想的，到底必因环境变迁而死。即使苟延残喘，窄而陋的学术机关，于社会决无甚贡献。虽不死，犹和死了的一般。

本校自蔡先生长校以来，七八年间这个"容"字，已在本校的肥土之中，根深蒂固了。故本校内各派别均能互相容受。平时于讲堂之内，会议席之上，作剧烈的辩驳和争论，一到患难的时候，便共力合作。这是已屡经试验的了。

但容量无止境，我们当继续不断的向"容"字一方面努力。"宰相肚里好撑船。"本校"肚里"要好驶飞艇才好！

第二，本校具有思想自由的精神。人类有一个弱点，就是对于思想自由，发露他是一个小胆鬼。思想些许越出本身日常习惯范围以外，一般人们恐慌起来，好像不会撑船的人，越了平时习惯的途径一样。但这个思想上的小胆鬼，被本校渐渐儿的压服了。本校是不怕越出人类本身日常习惯范围以外去运用思想的。虽然我们自己有时还觉得有许多束缚，而一般社会已送了我们一个洪水猛兽的徽号。

本校里面，各种思想能自由发展，不受一种统一思想所压迫，故各种思想虽平时互相歧异，到了有某种思想受外部压迫时，就共同来御外侮。引外力以排除异己，是本校所不为的。故本校虽处恶劣政治环境之内，尚能安然无恙。

我们有了这两种的特点，因此而产生两种缺点。能容则择宽而纪律弛。思想自由，则个性发达而群治弛。故此后本校当于相当范围以内，整饬纪律，发展群治，以补本校之不足。

什么是教育的出产品

——上海学术讲演之一部分

（1919 年）

导读 ＊ 蒋梦麟认为好的教育培养出来的人才应该符合三个方面的标准，一是活泼泼的个人（充满生机和活力）；二是能改良社会的个人（能推动社会进步）；三是能生产的个人（能自食其力）。

我们以前听了俾士麦说，德国的强盛，是小学教育的功。所以我们也来办小学，以为小学堂办几千个，中国就强了。后来听说日本的强盛，也从小学教育得来的，所以我们大家都信小学教育，好像一瓶万应如意油，一粒百病消散丸，灵验无比，吃了就百病消散。小学生现在也有三百多万了，哪知道社会腐败，比前一样，国势衰弱，比前一样，这是什么缘故呢？（据国民十八年度统计，全国小学及幼稚园的学生，已达八百九十万人。）

第一是人数太少。中国四万万人，若以五分之一人小学计算，须有八千万人。这三百多万，只能占百分之四，还有百分之九十六的儿童没有受教育，那里能够收小学教育的效果呢？第二是教育根本思想的误谬。我常常听见人说，学生是中国的主人翁，若是学生是中国的主人翁，谁是中国的奴隶呢？教育不是养成主人翁的。又有人说，教育是救国的方法，所以要小学生知道中国的危险，激发他们的爱国心；痛哭流涕的对小学生说，中国要亡了，这班天真烂漫的小学生，也不知中国是什么东西，只听得大人说"不好了""要亡了"这些话，也就悲哀起来；弄得正在萌芽，生气勃勃的小孩子，变成枯落的秋草！

"主人翁""枯落的秋草"两件东西，可算是我国办教育的出产品。

我们向来的教育宗旨，本来养成主人翁的。俗话说，"秀才，宰相之根苗"；向来最普通的小学教科书《神童诗》说，"朝为田舍郎，暮登天子堂"。我们又常常说，"范文正为秀才时，即以天下为己任"。个个秀才都要做宰相，个个田舍郎都想登天子堂，你看那里有这许多位置呢？

我们向来读书的宗旨，确是要把活泼泼的人，做成枯落的秋草。科举的功效，把天下的人才都入了彀中；读书的结果，把有用的人都变成书呆子。这不像枯落的秋草么？

主人翁和枯落的秋草，本来是旧教育的出产品，也是新教育的出产品，不过方法不同罢了。

若以高一层论，读书是学做圣贤，王阳明幼时对先生说，"读书是学做圣贤"。若个个读书的人要做圣贤，国中要这许多圣贤人做什么？我们现在的教育，还赶不上说这一层咧。

大学讲修身、齐家、治国、平天下，是中国教育的宗旨。到了后来，"规行矩步""束身自好"算修身；"父为子纲""夫为妇纲""三从四德"等等算齐家；愚民的"仁政"算治国。你看身哪里能修，家哪里能齐，国哪里能治呢？

现在要讲修身，要养成活泼泼的个人；要讲齐家，要夫妇平等，爸爸不要把儿子视作附属品；儿子不要把爸爸做子孙的牛马；要讲治国，先要打破牧民政策，采用民治主义。

并要把个人和家的关系改变过，创造一个进化的社会出来，个人是社会的分子；不是单在家庭之中，做父亲的儿子，儿子的父亲，母亲的女儿，女儿的母亲，老婆的丈夫，丈夫的妻子，把家庭国家，认作社会的两个机关，来发展个人和社会的幸福，不要用家庭国家，来吞没个人，毁坏社会。

我们讲教育的，要把教育的出产品，明明白白，定个标准。预定要产什么物品，然后来造一个制造厂。不要拿来一架机器，就随随便便地来造物品。据我个人的观念，我们以前所产的"主人翁""枯草"，和所产的宰相圣贤，都是不对的。我们所要产的物品，是须备三个条件的人。

（一）活泼泼地个人

一个小孩子，本来是活泼泼的。他会笑，会跳，会跑，会玩耍。近山就会上山去采花捕蝉；近水就会去捞水草，拾蚌壳，捕小鱼；近田就会去捕蝗虫、青蛙。他对于环境，有很多兴会。他的手耐不住的要摸这个，玩那个；脚耐不住的要跑到这里，奔到那里；眼耐不住的要瞧这个、那个；口关不住的说这样、那样。你看如何活泼。我们办学校的，偏要把他捉将起来，关在无山、无水、无虫、无花、无鸟的学校里；把他的手脚绑起来，使他坐在椅上不能动；把他的眼遮起来，使他看不出四面关住的一个课堂以外；要他的口来念"天地玄黄，宇宙洪荒""人之初，性本善"，种种没有意义的句子。现在改了"一只狗""一只猫""哥哥读书，妹妹写字"这些话，就算是新式教科书了。还有讲历史的时候，说什么"黄帝擒蚩尤"这些话，小孩子本不认识谁是黄帝，更不识谁是蚩尤。孩子听了，好像火星里打来了一个电报。还有叫他唱"陀、来、米、发、索、拉、西"的歌；叫他听"咿哩呜噜"响的风琴。不如小孩儿素来所唱的"萤火虫，夜夜红，替我做盏小灯笼"好得多。二十五块钱的坏风琴，不如几毛钱的笛和胡琴好得多。小儿的生长，要靠着在适当的环境里活动。现在我们把他送入"牢监"里束缚起来，他如何能生长？明代王阳明也见到这个道理，他说："大抵童子之情，乐嬉戏而惮拘检。如草木之始萌芽，舒畅之则条达，摧挠之则衰萎。今教童子必使其趋向鼓舞，中心喜悦，则其进自不能已。譬之时雨春风，沾被草木，莫不萌动发育，自然日长月化。若冰霜剥落，则生意萧索，日就枯槁矣……若近世之训蒙稚者，日惟督以句读课仿，责其检束，而不知导之以礼；求其聪明，而不知养之以善；鞭挞绳缚，若待拘囚，彼视学舍，如囹狱而不肯入，视师长如寇仇而不预见，……是盖驱之于恶，而求其为善也，可得乎哉？"德国福禄培创教养儿童自然的法儿，他设了一个学校，用各种方法，使儿童自然发长；他不知道叫这学校做什么，一日他在山中游玩，看见许多花木，都发达得了不得；他就叫他的学校做幼稚园（kindergarten）。"kinder"是儿童，"garden"是花园。幼稚园的意思是"儿童的花园"，后来哪知道变成"儿童的监狱"。我们把儿童拿到学校里来，只想他得些知识，忘记了他是活泼泼的一个小孩子，就是知识一方面，也不过识几个字罢了。

无论在小学里，或是在中学里，我们要认定学生本来是活的，他们的体力、脑力、官觉、感情，自一天一天地发展。不要用死书来把他们的生长力压住。我们都知道现在的中学卒业的学生，眼多近了，背多曲了。学级进一年，生气也减一年。这是我们中国教育的出产品！

（二）能改良社会的个人

个人生在世上，终逃不了社会，所以社会良不良，和个人的幸福很有关系。若我但把个人发展，忘却了社会，个人的幸福也不能存在。中国办学的一个难处，就是社会腐败。这腐败社会的恶习，多少终带些入学校里来。所以学校里的团体，终免不了社会上一种流行的恶习，不过比较的好些罢了。学校是社会的镜子，在这镜子里面瞧一瞧，可以见得社会上几分的恶现象。不过学校里的生活，终比社会上高一层，所以学生可以有改良社会的一个机会。学校须利用这个机会，养成学生改良社会的能力。普通父母送子弟入学校的用意，是有两种希望。一种是为家庭增资产，以为"我的儿子"入了学校念了书，将来可以立身，为家增一个有用的分子。一种是为国家求富强，以为"我的儿子"求了学，将来可以为"拯世救民"的人才。第一种是家属主义的"余荫"，第二种是仁政主义的"余荫"。学校的宗旨，虽不与此两种希望相反对，但不是一个注重点。学校的宗旨，是在养成社会良好的分子，为社会求进化。社会怎样才进化呢？个人怎样来参加谋社会进化的运动呢？这两个问题，是学校应该问的。社会怎样才进化这个问题，我们可暂时不讲，个人怎样来参加谋社会进化的运动，是我们现在应该研究的。我想要学生将来参加改良社会的运动，要从参加改良学校社会的运动做起。我讲到此，不得不提起学生自治问题了。学生自治，可算是一个习练改良学校社会的机会。我们现在讲改良社会，不是主张有一二个人，立在社会之上，操了大权，来把社会改良。这种仍旧是牧民制度，将来的结果是很危险的。教育未发达以前，或可权宜用这个方法，如山西阎百川的用民政治。但这个办法，是人存政存，人亡政息，不是根本的办法。江苏南通将来的危险也在这里。所以我们赞许阎百川治晋是比较的，不是单独的。若以单独的讲起来，这种用民政治，仍是一种"仁政主义""牧民政策"。我是很佩服阎百川的，我并不是批评他，但我希望他一面"用民"，一面不要忘了这是权宜之计，将来终要渐渐儿改到民治方面去才好。我常常对人说，江浙两省，是江南富庶之地，兄弟之邦，得了两个兄弟省长，为何不照阎百川的办法来干一干呢？这种事情不干，如浙江的齐省长，没有事做，看了学生的一篇文，倒来小题大做。我想一省的省长，那里有这种空功夫！

学生自治，是养成青年各个的能力，来改良学校社会。

他们是以社会分子的资格，来改良社会，大家互助，来求社会的进化。不是治人，不是做主人翁；是自治，是服务。有人说，学生自治会里面，自己捣乱，所以自治会是不行的。我想自治会里边起冲突，是不能免的，这是一定要经过的阶段。况且与其在学校里无自治，将来在社会上捣乱，不如在学校中经过这个试验，比较的少费些时。

（三）能生产的个人

以前的教育，讲救国，讲做中国的主人翁，讲济世救民；最好的结果，不过养成迷信牧民政策的人才。不好的结果，自己做了主人翁，把国民当作奴隶；不来救国，来卖国；不来济世救民，来鱼肉百姓；到了后来，"只准州官放火，不许百姓点灯"。今后的教育，要讲生产，要讲服务，要知道劳工神圣。为什么要讲劳工神圣呢？因为社会的生产都靠着各个人劳力的结果，各个人能劳力，社会的生产自然就丰富了。假如大多数的人，都是"四体不勤，五谷不分"，社会怎样能生存呢？又如杜威先生说，希腊文化很发达，科学的思想也很发达，何以希腊没有物质科学呢？何以物质科学到十九世纪才发展起来呢？因为希腊人瞧不起做工的人。瞧不起做工，就不会做实验；不会做实验，就没有物质科学了。我们中国，素来把政治道德两样合起来，做立国的中心，如孔子说的，"为政以德，譬如北辰，居其所而众星拱之"。如孟子说的，"王何必曰利，亦曰仁义而已矣"。都是道德和政治并提。我们的学校，也不外政治道德四个字。如孟子说："立庠序之教，所以明人伦也：父子有亲，君臣有义，夫妇有别，长幼有序，朋友有信。"几千年来的教育宗旨，都是一个"拯世救民"的仁政主义，牧民政策：今天以百姓当羊，来牧他；明天羊肥了，就来吃他。你看中国几千年的"一治一乱"，不是羊瘦牧羊、羊肥吃羊的结果么？现在我们假设百姓是羊，我们要羊自己有能力来寻草吃，不要人来牧；那末羊虽肥，不怕人来吃他的肉。这是讲句笑话罢了，我们哪里可当百姓作羊？百姓都是活泼泼的人。我们把百姓能力增高起来，使他们有独立生产的能力，哪要人来施仁政，来牧他们？

要能独立生产，要先会工作，要知道劳工神圣。美国教员联合会现在已加入劳动联合会。这是全国教师承认教书也是劳工。凡有一种职业，为社会生产的，都是劳工。劳心劳力，是一样的。"劳心者役人，劳力者役于人"，这两句话，实在有分阶级的意思在里面，未免把劳力的人看得太轻了。把以上的话总括说一句，教育要定出产品的标准，这标准就是：

活泼泼的、能改良社会的、能生产的个人。

胡　　适

*

教育即是生活。

教育即是继续不断的重新组织经验，

要使经验的意义格外增加，要使个人主宰后来

经验的能力格外增加。

*

杜威的教育哲学

（1919年）

导读 ＊ 这是胡适为迎接杜威来华讲学而作。胡适认为，杜威教育学说的要旨总括起来只是两句话："教育即是生活。""教育即是继续不断的重新组织经验，要使经验的意义格外增加，要使个人主宰后来经验的能力格外增加。"而杜威学说的与众不同之处就在于，"把'目的'和'进行'看作一件事"。

杜威先生常说，"哲学就是广义的教育学说"。这就是说哲学便是教育哲学。

这句话初听了很可怪。其实我们如果仔细一想，便知道这句话是不错的。我们试问古往今来的哲学家哪一个不是教育家？哪一个没有一种教育学说？哪一种教育学说不是根据于哲学的？

我且举几个例。我们小时候读《三字经》，开端就是"人之初，性本善，性相近，习相远；苟不教，性乃迁"。这几句说的是孔子的教育哲学。《三字经》是宋朝人做的，所代表的又是程子、朱子一派的教育哲学。再翻开朱注的《论语》，第一章"学而时习之"的底下注语道："学之为言效也。人性皆善而觉有先后。后觉者必效先觉之所为，乃可以明善而复其初也。"请看他们把学字解作仿效，把教育的目的看作"明善而复其初"：这不是极重要的教育学说吗？我们如研究哲学史，便知道这几句注语里面，不但是解释孔子的话，并且含有禅家明心见性的影响。这不是很明白的例吗？

再翻开各家的哲学书，从老子直到蔡元培，从老子的"常使民无知无欲"，直到蔡元培的"以美育代宗教"，哪一家的哲学不是教育学说呢？

懂得这个道理，然后可以知道杜威先生的哲学和他的教育学说的关系。

杜威的教育学说，大旨都在郑宗海先生所译的《杜威教育主义》（《新教育》第二期）里面。现在且先把那篇文章的精华提出来写在下面:(译笔略与郑先生不同。)

一、什么是教育

教育的进行在于个人参与人类之社会的观念。……真教育只有一种,只有儿童被种种社会环境的需要所挑起的才能的活动:这才是真教育。

二、什么是学校

学校本来是一种社会的组织。教育既是由社会生活上进行,学校不过是一种团体生活,凡是能使儿童将来得享受人类的遗产和运用他自己的能力为群众谋福利的种种势力,都集合在里面。简单说来,教育即是生活,并不是将来生活的预备。

三、什么是教材

学校科目交互关系的中心点不在理学,不在文学,不在历史,不在地理,乃在儿童自己的社会生活。

总而言之,我深信我们应该把教育看作经验的继续再造;教育的目的与教育的进行是一件事,不是两件事。

四、方法的性质

方法的问题即是儿童的能力和兴趣发展的次序的问题。

（一）儿童天性的发展，主动的方面先于被动的方面……动作先于有意识的感觉。意思（知识的和推理的作用）乃是动作的结果，并且是因为要主持动作才发生的。平常所谓"理性"，不过是有条理有效果的动作之一种法子，并不是在动作行为之外可以发达得出来的。

（二）影像（images）乃是教授的大利器。儿童对于学科所得到的不过是他自己对于这一科所构成的影像。……现在我们用在预备工课和教授工课上的许多时间和精力，正可用来训练儿童构成影像的能力，要使儿童对于所接触的种种物事都能随时发生清楚明了又时时长进的影像。

（三）儿童的兴趣即是才力发生的记号。……某种兴趣的发生，即是表示这个儿童将要进到某步程度。……凡兴趣都是能力的记号，最要紧的是寻出这种能力是什么。

（四）感情乃是动作的自然反应。若偏向激动感情，不问有无相当的动作，必致于养成不健全和乖僻的心境。

五、社会进化与学校

教育乃是社会进化和改良的根本方法。……教育根据于社会观念，支配个人的活动，这便是社会革新的唯一可靠的方法。

这种教育见解，对于个人主义和社会主义的理想都有适当的容纳。一方面是个人的，因为这种主张承认一种品行的养成是正当生活的真基础；一方面是社会的，因为这种学说承认这种良好的品行不是单有个人的训诫教导便能造成的，乃是倚靠一种社会生活的影响才能养成的。

以上所记，可说是杜威教育学说的要旨。再总括起来，便只有两句话：

（一）"教育即是生活。"

（二）"教育即是继续不断的重新组织经验，要使经验的意义格外增加，要使个人主宰后来经验的能力格外增加。"（*Democracy and Education*，PP.89—90）

我所要说的杜威教育哲学，不过是说明这两句话的哲学根据。我且先解释这两句话的意义。

这两句话其实即是一句话。（一）即是（二），所以我且解说第二句话。"教育即是继续不断的重新组织经验。"怎么讲呢？经验即是生活。生活即是应付人生四围的境地；即是改变所接触的事物，使有害的变为无害的，使无害的变为有益的。这种活动是人生不能免的。从婴孩到长大，从长成到老死，都免不了这种活动。这种活动各有教育的作用，因为每一种活动即是增添一点经验，即是"学"了一种学问。每次所得的经验，和已有的经验合拢起来，起一种重新组织；这种重新组织过的经验，又留作以后经验的参考资料和应用工具。如此递进，永永不已。所以说，"教育是继续不断的重新组织经验"。怎么说"使经验的意义格外增加"呢？意义的增加就是格外能看出我们所作活动的连贯关系。杜威常举一个例：有一个小孩子伸手去抓一团火光，把手烫了。从此以后，他就知道眼里所见的某种视觉是和手的某种触觉有关系的；更进一步，他就知道某种光是和某种热有关系的。高等的化学家在试验室里作种种活动，寻出火光的种种性质，其实同那小孩子的经验是一样的道理。总而言之，只是寻出事物的关系。懂得种种关系，便能预先安排某种原因发生某种效果。这便是增加经验意义。怎么说"使个人主宰后来经验的能力格外增加"呢？懂得经验的意义，能安排某种原因发生某种结果，这便是说我们可以推知未来，可以预先筹备怎样得到良好的结果，怎样免去不良好的结果。这就是加添我们主宰后来经验的能力了。

杜威这种教育学说和别人根本不同之处就在于把"目的"和"进行"看作一件事。这句话表面上似乎不通，其实不错。杜威说："活动的经验是占时间的，他的后一步补足他的前一步；前面不曾觉得的关系，也可明白了。后面的结果，表出前面的意义。这种经验的全体又养成趋向有这种意义的事物的习惯。每一种这样继续不断的经验是有教育作用的。一切教育只在于有这种经验。"（同上书，PP.91—92）

这种教育学说的哲学根据，就是杜威的实验主义。实验主义的大旨，我已在前面说过了。如今单提出杜威哲学中和教育学说最有密切关系的知识论和道德论，略说一点。

一、知识论（*Democracy and Education*，Chap.25）

杜威说古代以来的知识论的最大病根，在于经验派和理性派的区别太严了。古代的社会阶级很严，有劳心和劳力的，治人的和被治的，出令的和受令的，贵族和小百姓，种种区别。所以论知识也有经验和理性，个体与共相，心与物，心与身，智力与感情，种种区别。这许多区别，在现在的民主社会里都不能成立，都不应该存在。从学理一方面看来，更不能成立。杜威提出三条理由如下：

（一）现代生理学和心理学互相印证，证明一切心的作用都和神经系统有密切关系。神经系统使一切身体的作用同力合作。外面环境来的激刺和里面发出的应付作用，都受脑部的节制支配。神经作用，又不但主持应付环境的作用，并且有一种特性，使第一次应付能限定下一次的官能激刺作何样子。试看一个雕匠雕刻木头，或是画师画他的油画，便可见神经作用时时刻刻重新组织已有的活动，作为后来活动的预备，使前后的活动成为一贯的连续。处处是"行"，处处是"知"；知即从行来，即在行里；行即从知来，又即是知。懂得此理，方才可以懂得杜威所说"教育即是生活"的道理。

（二）生物学发达以来，生物进化的观念使人知道从极简单的生物进到人类，都有一贯的程序。最低等的有机体，但有应付环境的活动，却没有心官可说。后来活动更复杂了，智力的作用渐渐不可少，渐渐更重要。有了智力作用，方才可以预料将来，可以安排布置。这种生物进化论出世以后，方才有人觉悟从前的人把智力看作一个物外事外的"旁观者"，把知识看作无求于外，完全独立存在的，这都是错了。生物进化论的教训是说：每个生物是世界的一分子，和世界同受苦，同享福；他所以能居然生存，全靠他能把自己作为环境的一部分，预料未来的结果，使自己的活动适宜于这种变迁的环境，如此看来，人既是世界活动里面的一个参战者，可见知识乃是一种参战活动，知识的价值全靠知识的效能。知识决不是一种冷眼旁观的废物。懂得这个道理，方才可以懂得杜威说的"真教育只是儿童被种种社会环境的需要所挑起的才能的活动"。

（三）近代科学家的方法进步，实验的方法一面教人怎样求知识，一面教人怎样证明所得的知识是否真知识。这种实验的方法和新起的知识论也极有关系。这种方法有两种意义。（1）实验的方法说：除非我们的动作真能发生所期望的变化，决不能说是有了知识，但可说是有了某种假设，某种猜想罢了。真知识是可以试验出效果来的。（2）实验的方法又说：思想是有用的；但思想所以有用，正为思想能正确的观察现在状况，用来作根据，推知未来的效果，以为应付未来的工具。

实验方法的这两层意义都很重要。第一，凡试验不出什么效果来的观念，不能算是真知识。因此，教育的方法和教材都该受这个标准的批评，经得住这种批评的，方才可以存在。第二，思想的作用不是死的，是活的；是要能根据过去的经验对付现在，根据过去与现在对付未来。因此，学校的生活须要能养成这种活动的思想力，养成杜威所常说的"创造的智慧"。

二、道德论（*Democracy and Education*，Chap.26）

杜威论人生的行为道德，也极力反对从前哲学家所固执的种种无谓的区别。

（一）主内和主外的区别。主内的偏重行为的动机，偏重人的品性。主外的偏重行为的效果，偏重人的动作。其实这都是一偏之见。动机也不是完全在内的，因为动机都是针对一种外面的境地起来的。品性也不是完全在内的，因为品性往往都是行为的结果：行为成了习惯，便是品行。主外的也不对。行为的结果也不是完全在外的，因为有意识的行为都有一种目的，目的就是先已见到的效果。若没有存心，行为的善恶都不成道德的问题。譬如我无心中掉了十块钱，有人拾去，救了他一命。结果虽好，算不得是道德。至于行为动作有外有内，更显而易见了。杜威论道德，不认古人所定的这些区别。他说，平常的行为，本没有道德和不道德的区别。遇着疑难的境地，可以这样做，也可以那样做；但是这样做便有这等效果，那样做又有那种结果：究竟还是这样做呢？还该那样做呢？到了这个选择去取的时候，方才有一个道德的境地，方才有道德和不道德的问题。这种行为，自始至终，只是一件贯串的活动。没有什么内外的区别。最初估量抉择的时候，虽是有些迟疑。究竟疑虑也是活动，决定之后，去彼取此，决心做去，那更是很明显的活动了。这种行为,和平常的行为并无根本的区别。这里面主持的思想，即是平常猜谜演算术的思想，并没有一个特别的良知。这里面所用的参考资料和应用工具，也即是经验和观念之类,并无特别神秘的性质。总而言之，杜威论道德，根本上不承认主内和主外的分别，知也是外，行也是内；动机也是活动，疑虑也是活动，做出来的结果也是活动。若把行为的一部分认作"内"，一部分认作"外"，那就是把一件整个的活动分作两截，那就是养成知行不一致的习惯，必致于向活动之外另寻道德的教育。活动之外的道德教育，如我们中国的读经修身之类，决不能有良好的效果的。

（二）责任心和兴趣的分别。西洋论道德的，还有一个很严的区别，就是责任心和兴趣的区别。偏重责任心的人说，你"应该"如此做，不管你是否愿意，你总得如此做。中国的董仲舒和德国的康得都是这一类。还有一班人偏重兴趣一方面，说，我高兴这样做，我爱这样做。孔子说的"知之者不如好之者，好之者不如乐之者"，便是这个意思。有许多哲学家把"兴趣"看错了，以为兴趣即是自私自利的表示，若跟着"兴趣"做去，必致于偏向自私自利的行为。这派哲学家因此便把兴趣和责任心看作两件绝对相反的东西。所以学校中的道德教育只是要学生脑子里记得许多"应该"做的事，或是用种种外面的奖赏刑罚之类，去监督学生的行为。这种方法，杜威极不赞成。杜威以为责任和兴趣并不是反对的。兴趣并不是自私自利，不过是把我自己和所做的事看作一件事；换句话说，兴趣即是把所做的事认作我自己的活动的一部分。譬如一个医生，当鼠疫盛行的时候，他不顾传染的危险，亲自天天到疫区去医病救人。我们一定说他很有责任心。其实他只不过觉得这种事业是他自己的活动的一部分，所以冒险做去。他若没有这种兴趣，若不能在这种冒险救人的事业里面寻出兴趣，那就随书上怎么把责任心说得天花乱坠，他决不肯去做。如此看来，真正责任心只是一种兴趣。杜威说，"责任"（duty）古义本是"职务"（office），只是"执事者各司其事"。兴趣即是把所要做的事认作自己的事。仔细看来，兴趣不但和责任心没有冲突，并且可以补助责任心。没有兴趣的责任，如囚犯作苦工，决不能真有责任心。况且责任是死的，兴趣是活的，兴趣的发生，即是新能力发生的表示，即是新活动的起点。即如上文所说的医生，他初行医的时候，他的责任只在替人医病，并不曾想到鼠疫的事。后来鼠疫发生了，他若是觉得他的兴趣只在平常的医病，他决不会去冒险做疫区救济的事，他所以肯冒传染的危险，正为他此时发生一种新兴趣，把疫区的治疗认作他的事业的一部分，故疫区的危险都不怕了。学校中的德育也是如此，学生对于所做的工课毫无兴趣，怪不得要出去打牌吃酒去了。若是学校的生活能使学生天天发生新兴趣，他自然不想做不道德的事了。这才是真正的道德教育。社会上的道德教育，也是如此。商店的伙计，工厂的工人，一天做十五六点钟的苦工，做得头昏脑闷，毫无兴趣，他们自然要想出去干点不正当的娱乐。圣人的教训，宗教的戒律，到此全归无用。所以现在西洋的新实业家，一方面减少工作的时间，增加工作的报酬，一方面在工厂里或公司里设立种种正当的游戏，使做工的人都觉得所做的事是有趣味的事。有了这种兴趣，不但做事更肯尽职，并且不要去寻那不正当的娱乐了。所以真正的道德教育在于使人对于正当的生活发生兴趣，在于养成对于所做的事发生兴趣的习惯。

结论

杜威的教育哲学，全在他的《平民主义与教育》（*Democracy and Education*）一部书里。看他这部书的名字，便可知道他的教育学说是平民主义的教育。古代的社会有贵贱，上下，劳心与劳力，治人与被治种种阶级。古代的知识论和道德论都受有这种阶级制度的影响。所以论知识便有心与身，灵魂与肉体，心与物，经验与理性等等分别；论道德便有内与外，动机与结果，义与利，责任与兴趣等等分别。教育学说也受了这种影响。把知与行，道德与智慧，学校内的工课与学校外的生活，等等，都看作两截不相联贯的事。现代的世界是平民政治的世界，阶级制度根本不能成立。平民政治的两大条件是：（一）一个社会的利益须由这个社会的分子共同享受；（二）个人与个人，团体与团体之间，须有圆满的、自由的交互影响。根据这两大条件，杜威主张平民主义的教育须有两大条件：甲、须养成智能的个性（intellectual individuality），乙、须养成共同活动的观念和习惯(cooperation in activity)。"智能的个性"就是独立思想，独立观察，独立判断的能力。平民主义的教育的第一个条件，就是要使少年人能自己用他的思想力，把经验得来的意思和观念一个个的实地证验，对于一切制度习俗都能存一个疑问的态度，不要把耳朵当眼睛，不要把人家的思想糊里糊涂认作自己的思想。"共同活动"就是对于社会事业和群众关系的兴趣。平民主义的社会是一种股份公司，所以平民主义的教育的第二个条件就是要使人人都有一种同力合作的天性，对于社会的生活和社会的主持都有浓挚的兴趣。

要做到这两大条件，向来的"文字教育""记诵教育""书房教育"决不够用。数十年来的教育改良，只注意数量的增加（教育普及），却不曾注意根本上的方法改革。杜威的教育哲学的大贡献，只是要把阶级社会曾遗传下来的教育理论和教育制度一齐改革，要使教育出的人才真能应平民主义的社会之用。我这一篇所说杜威的新教育理论，千言万语，只是要打破从前的阶级教育，归到平民主义的教育的两大条件。对于实行的教育制度上，杜威的两大主张是：（1）学校自身须是一种社会的生活，须有社会生活所应有的种种条件。（2）学校里的学业须要和学校外的生活连贯一气。总而言之，平民主义的教育的根本观念是：

教育即是生活；

教育即是继续不断的重新组织经验，要使经验的意义格外增加，要使个人主宰后来经验的能力格外增加。

新文化运动与教育问题

（1935 年）

导读 ＊ 本篇是胡适在香港华侨教育会的演讲。他提到，"文学革命"与教育是存在必然联系的，同时也对于普及义务教育和提高教育水平提出了期许。

胡适在本文中略带谦虚地表明自己并非一个教育家，而是"文学革命"的倡导者，但是"文学革命"与教育之间所存在的关联是必需的。"文学革命"离不开学校、教师和学生。

各位朋友，十几年来我想来广东一游，都没有机会。十七年前我由外国回来，便想到粤。有一次广州中山大学当局请我去讲学，想来了，又因乱一阻，便不果行。后来有一次买了铁行邮船公司的船票，也因为别事阻挡，把船票都取消。直到现在才有机会来到香港与各位会面，觉得非常高兴，现在听闻各位能够懂得我的话（国语），尤为欢喜。

但是刚才陈先生说我是教育界的导师，是完全错的。我对于教育还是一个门外汉，并没有专门的研究。不过，我们讲文学革命，提倡用语体文，这些问题，时常与教育问题发生了关系。也往往我们可以看到的问题，而在教育专门家反会看不到的。故如说我是喜欢和教育界谈教育问题的则可，谓为导师便不对。我对于香港教育还不大清楚，实在不配谈香港教育，但是我可以说香港是一个办学的地方，像北平中小学教育经费欠到二十一个月薪，就是广州小学教员也欠薪几个月，在这样的情形之下，谁也办不好的。但是香港教育界这种情形绝少，因为它是商业发达、经济充裕的地方，这几年来无论怎么的萧条，总比较北平欠二十一个月薪、广州欠几个月薪的好得多，这样若不能办得好的教育，香港就对不起香港了。

再其次，办教育，治安问题很要紧。比方在北方，日本的飞机天天在校顶飞过，叫谁也不能安心办学，就是你不走，学生也走了。怎么办呢？但是香港便没有这种危险，在这样好的环境下，香港的教育是应该发达的。我说东亚大陆有一个地方可以办强迫教育、普及教育的，便是香港。因为香港这地方有钱，治安也好，可接近外人，可借镜的地方很多。中国办新教育已经有三十多年了，却没有一个地方能够做得到。办普及义务强迫教育，我以为香港是有这资格的，故此我说它是东亚大陆上一个办义务教育的地方。近据报载，中央政府拟在南京办义务普及教育，我想香港可以和它争光的，希望诸位教育界领袖，向着这个目标迈进。

我此次南来，不单纯来接受港大的学位，实在很想乘这机会，对南方的教育文化考察一下。现在广东很多人反对用语体文，主张用古文，不但古文，而且还提倡读经书。我真不懂，因为广东是革命策源地，为什么别的地方已经风起云涌了，而革命策源地的广东反而守旧如此！

我这回来香港，逗留了几天，细加考察，便有所悟。我觉得一个地方的文化传到它的殖民地或边境，本地方已经变了，而边境或殖民地仍是保留着它祖宗的遗物。

中原的文化许多都变了，而在广东尚留着，像现在的广东音是最古的，我现在说的才是新的。又比方我们的祖宗是席地而坐的，但后来我们坐椅子了，这种席地而坐的习惯传到日本，至今仍是一样。又比方英语传到美国，现在本来的英语都变音了，而美国却能保留着，如 clerk（书记），英语现读 clark 音，不知美音才是对的。又如翰林或状元，在广东觉得很了不得，民间要题几个字，不惜费许多金钱来找一个状元或翰林来题，在北方并不如是重要，因为在广东翰林是很难得的缘故。在边境或殖民地的人，对于娘处来的东西，都想设法去保持它，说是祖宗的遗物。但是，我们应该晓得，祖宗之所以遗给我们是在乎应用的，比方"灯"是祖宗遗下来的，然而我们现在用电灯了。这是祖宗的吗？从前我们用人力车，现在则用电车或汽车，难道"车""灯"可以变化，思想文化便不可以吗？所以，我第一希望香港能实现为第一个义务教育的地方。新的领袖，尤其要接受新的文化，做新文化运动的领导者，以和平的手段转移守旧势力，使香港成为南方新文化中心。

听说香港教育很发达，单是教员已经有三千多，不能谓不发达。但我们要知道教育的基础是很重要的，前两月汪院长无线电报告 1934 年教育成绩，据说 1934 年度小学教育比前增四倍，中学增十倍，大学增一百倍，在量看来很发达了，但试想这样的进步是没有基础的。因为大学、中学要学费，许多人没有资格升学，不该升学的，都凭借他的金钱或面子进去了，有天才的学生许多还没有入学的机会。照理大学教育增一百倍，小学该增至二万倍，这样才有教育的基础，有天才的人才有抬头的机会，所以非做到义务教育、强迫教育不行。

现在我国的教育是办不好的。一个小孩在小学念了六年书，毕了业回到家中，穿起一件长衫，便不屑助哥哥做木工，帮爸爸种田了，他说自己是学生了，特殊阶级了。假使阿猫的儿子或阿狗的儿子，都给他念书，由小学毕业出来，人人都是特殊阶级，那就没有特殊了。

教育的药没有什么，就是多给他教育，不能因为有毛病就不教育，有毛病更应该多教育。然而，我觉得中国现在还谈不到教育毛病问题。教育有两种方法：一是普及，一是提高。把它普及了，又要把它提高，这样的教育才有稳固的基础。

香港是一个商业的地方，做商人的或许没有顾及教育或文化的问题，老一辈的也想保守着旧有的，统治阶级也不一定对新文化表同情。然而现在不同了，香港最高级教育当局也想改进中国的文化。香港大学文学院从前是没有人注意的，最近他叫我计划发展。但是我不懂的，已经介绍两位教育家给他了，这是很好的象征。诸位新领袖，应该把着这新的转机推进这新的运动。我希望下次来港各位有新的成绩报告。这地方美极了，各位应该把它做成南方的文化中心。

　　我没有什么话说，将来各位有问题，想和我研究的，请寄北京大学，我可以答的则答，我不懂的则请专家代答，完了。

知识的准备

（1941年）

导读 * 本篇是胡适于1941年6月在美国普渡大学毕业典礼发表的讲话。在他看来，大学教育的主要目的就是要教会人抛弃偏见和盲从，拥有怀疑精神和独立思考的能力，可以"根据更坚固的证据和更健全的推理为基础，来建立或重新建立信仰"，"能保持精神上的平衡和宁静，能够运用你们自己的判断"。

学会以批判和客观的态度，用更坚固的证据和更健全的推理来重建信念。凭靠这种自由思考的技术，我们就能在"这个要把人弄得团团转的旋风世界中"，"在这知识困惑和混乱的时代"，既保持精神上的平衡和宁静，又能在关涉自己乃至千万人的生活的问题上，做出审慎而负责的判断。

一

在这个值得纪念的仪式完毕之后，你们就被列入少数特权分子之列——大学毕业生。今天并不是标示着人生一段时期的结束或完毕，而是一个新生活的开始，一个真正生活和真正充满责任的开端。

人家对你们作为大学毕业生的，总期望会与平常人有所不同，和大多数没有念过大学的人有所不同。他们预料你们言行会有怪异之处。

你们有些人或许不喜欢人家把你们目为与众不同、言行怪异的人。你们或许想要和群众混在一起，不分彼此。

让我们向你们保证，要回到群众中间，使人不分彼此，是一件容易做到的事。假如你们有这个愿望，你们随时都可以做到，你们随时都可以成为一个"好同伴"，一个"易于相处的人"，——而人们，包括你们自己，马上就会忘记你们曾经念过大学这回事。

虽然大学教育当然不该把我们造成为"势利之徒"和"古怪的人"，可是我们大学毕业生一直保留一点儿与众不同的标志，却也不是一件坏事。这一点儿与众不同的标志，我相信，是任何学术机构的教育家所最希望造成的。

　　大学男女学生与众不同的这个标志是什么呢？多数教育家都很可能会同意的说，那是一个多少受过训练的脑筋，——一个多少有规律的思想方式——这会使得，也应当使得，受大学教育的人显出有些与众不同的地方。

　　一个头脑受过训练的人在看一件事是用批判和客观的态度，而且也用适当的智识学问为凭依。他不容许偏见和个人的利益来影响他的判断和左右他的观点。他一直都是好奇的，但是他绝对不会轻易相信人。他并不仓卒的下结论，也不轻易的附和他人的意见，他宁愿耽搁一段时间，一直等到他有充分的时间来查考事实和证据后，才下结论。

　　总而言之，一个受过训练的头脑，就是对于易陷入于偏见、武断和盲目接受传统与权威的陷阱，存在戒心和疑惧。同时，一个受过训练的脑筋绝不是消极或是毁灭性的。他怀疑人并不是喜欢怀疑的缘故，也并不是认为"所有的话都有可疑之处，所有的判断都有虚假之处"。他之所以怀疑是为了想确切相信一件事，为了要根据更坚固的证据和更健全的推理为基础，来建立或重新建立信仰。

　你们四年的研究和实验工作一定教过你们独立思考、客观判断、有系统的推理和根据证据来相信某一件事的习惯。这些就是，也应当是，标示一个人是大学生的标志。就是这些特征才使你们显得"与众不同"和"怪异"，而这些特征可能会使你们不孚众望和不受欢迎，甚至为你们社会里大多数人所畏避和摒弃。

　可是，这些有点令人烦恼的特点却是你们母校于你们居留在此时间中，所教导你们而为此最感觉自豪的事。这些求知习惯的训练，如果我没有判断错误的话，也就是你们在大学里有责任予以培养起来的，回家时从这个校园里所带走的，并且在你们整个一生和在你们一切各种活动中，所继续不断的实行和发展的。

　伟大的英国科学家，同时也是哲学家的赫胥黎（Thomas H. Huxley）曾说过："一个人一生中最神圣的行为就是口里讲，内心深感觉到这句话：'我相信某件事是实在的。'紧附在那个行为上的是人生存在世上一切最大的报酬和一切最严重的责罚。"要成功地完成这一个"最神圣的行为"，那应用在判断、思考和信仰上的思想训练和规律是必要的。

所以在这一个值得纪念的日子，你们必须问自己的第一个问题就是：我是否获得所期望于为一个受大学教育的我所应有的充分智识训练？我的头脑是否有充分的装备和准备来做赫胥黎所说的"一个人一生中最神圣的行为"？

二

我们必须要体会到"一个人一生中最神圣的行为"也同时是我们日常所需做的行为。另一个英国哲学家弥尔（John Stuart Mill）曾说过："各个人每天每时每刻都需要确切证实他所没有直接观察过的事情……法官、军事指挥官、航海人员、医师、农场经营者（我们还可以加上一般的公民和选民）的事，也不过是将证据加以判断，并按照判断采取行动……就根据他们做法（思考和推论）的优劣，就可决定他们是否尽其分内的职责。这是头脑所不停从事的职责。"

由于人人每日每时都需要思考，所以人在思考时，极容易流于疏忽，漠不关心和习惯性的态度。大学教育毕竟难以教给我们一整套精通与永久适用的求知习惯，原因是其所需的时间远超过大学的四年。大学毕业生离开了他的实验室和图书馆，往往感觉到他已经工作得太劳累，思考得太辛苦，毕业后应当享受到一种可以不必求知识的假期。他可能太忙或者太懒，而无法把他在大学里刚学到而还没有精通的知识训练继续下去。他可能不喜欢标榜自己为受过大学教育"好炫耀博学的人"。他可能发现讲幼稚的话与随和大众的反应是一种调剂，甚至是一种愉快的事。无论如何，大学毕业生离开大学之后，最普遍的危险就是溜回到怠惰和懒散方式的思考和信仰。

所以大学生离开学校后，最困难的问题就是如何继续培养精稳实验室研究的思考态度和技术，以便将这种思考的态度和技术扩展到他日常思想、生活和各种活动上去。

天下没有一个普遍适用以提防这种懒病复发的公式。但是我们仍然想献给列位一个简单的妙计，这个妙计对我自己和对我的学生和朋友都很实用。

我所想要建议的是各个大学毕业生都应当有一个或两个或更多足以引起兴趣和好奇心的疑难问题，借以激起他的注意、研究、探讨或实验的心思。你们大家都知道的，一切科学的成就都是由于一个疑难的问题碰巧激起某一个观察者的好奇心和想象力所促成的。有人说没装备良好的图书馆和实验室是无法延续求知兴趣的。这句话是不确实的。请问亚基米德、伽利略、牛顿、法拉第，或者甚至达尔文或巴斯德究竟有什么实验室或图书馆的装备呢？一个大学毕业生所需要的仅是一些会激起他的好奇心、引起他的求知欲和挑激他的想法求解决的有趣的难题。那种挑激引发的性质就足够引致他搜集资料、触类旁通、设计工具和建立简单而适用的试验和实验室。一个人对于一些引人好奇的难题不发生兴趣的话，就是处在设备良好的实验室和博物馆中，智识上也不会有任何发展。

四年的大学教育所给予我们的，毕业只不过是已经研究出来和尚未研究出来的学问浩瀚范围的一瞥而已。不管我们主修的是哪一个科目，我们都不应当有自满的感觉，以为在我们专门科目范围内，已经没有不解决的问题存在。凡是离开母校大门而没有带一两个智识上的难题回家去，和一两个在他清醒时一直缠绕着他的问题，这个人的智识生活可以说是已经寿终正寝了。

这是我给你们的劝告：在这一个值得纪念的日子里，你们该花费几分钟，为你们自己列了一个智识的清单，假如没有一两个值得你们下决心解决的智识难题，就不轻易步入这个大世界。你们不能带走你们的教授，也不能带走学校的图书馆和实验室。可是你们带走几个难题。这些难题时刻都会使你们智识上的自满和怠惰下来的心受到困扰。除非你们向这些难题进攻，并加以解决，否则你们就一直不得安宁。那时候，你们看吧，在处理和解决这些小难题的时候，你们不但使你们思考和研究的技术逐渐纯熟和精稔，而且同时开拓出智识的新地平线并达到科学的新高峰。

三

这种一直有一些激起好奇心和兴趣疑难问题来刺激你们的小妙计有许多功用。这个妙计可使你们一生中对研究学问的兴趣永存不灭，可开展你们新嗜好的兴趣，把你们日常生活提高到超过惯性和苦闷的水准之上。常常在沉静的夜里，你们突然成功的解决了一个讨厌的难题而很希望叫醒你们的家人，对他们叫喊着说："我找到了，我找到了！"那时候给你们的是智识上的狂喜和很大的乐趣。

但是这种自找问题和解决问题方式最重要的用处，是在于用来训练我们的能力，磨炼我们的智慧，而因此使我们能精稔实验与研究的方法和技术。对思考技术的精稔可能引使你们达到创造性的智识高峰；但是也同时会渐渐的普遍应用在你们整个生活上，并且使你们在处理日常活动时，成为比较懂得判断的人，会使你们成为更好的公民，更聪明的选民，更有智识的报纸读者，成为对于目前国家大事或国际大事一个更为胜任的评论者。

这个训练对于为一个民主国家里公民和选民的你们是特别重要的。你们所生活的时代是一片充满了惊心动魄事件的时代，一个势要毁灭你们政府和文化根基的战争时代。而从各方面拥集到你们身上的是强有力不让人批驳的思想形态，巧妙的宣传，以及随意歪曲的历史。希望你们在这个要把人弄得团团转的旋风世界中，要建立起你们的判断力，要下自己的决定，投你们的票和尽你们的本分。

有人会警告你们要特别提高警觉，以提防邪恶宣传的侵袭。可是你们要怎样做才能防御宣传的侵入呢？因为那些警告你们的人本身往往就是职业的宣传员，只不过他们罐头上所用的是不同的商标；但这些罐头里照样是陈旧的和不准批驳的东西！

　　例如，有人告诉你们，上次世界大战所有一切唯心论的标语，像"为世界民主政治的安全而战"和"以战争来消弭战争"，这些话，都是想讨人欢喜的空谈和烟幕而已。但是揭露这件事的人也就是宣传者，他要我们全体都相信美国之参加上次世界大战是那些"担心美元英镑贬值"放高利贷者和发战争财者所促成的。

　　再看另一个例子。你们是在一个信仰所培养之下长大起来的。这些信仰就是相信你们的政府形式，属于人民的政府，尊敬个人的自由，特别是相信那保护思想、信仰、表达和出版等自由的政府形式是人类最伟大的成就之一；但是我们这一代的新先知们却告诉你们说，民主的代议政府仅是资本主义制度下的一个必然的副产品，这个制度并没有实质的优点，也没有永恒的价值；他们又说个人的自由并不一定是人们所希求的；为了集体的福利和权力的利益起见，个人的自由应当视为次要的，甚至应当加以抑压下去的。

这些和许多其他相反的论调到处都可以看到听到，都想要迷惑你们的思想，麻木你们的行动。你们需要怎么样准备自己来对付一切所有这些相反的论调呢？当然不会是紧闭着眼睛不看，掩盖着耳朵不听吧。当然也不会躲在良好的古老传统信仰的后面求庇护吧，因为受攻击和挑衅的就是古老的传统本身。当然也不会是诚心诚意的接受这种陈腔滥调和不准批驳的思想和信仰的体系，因为这样一个教条式的思想体系可能使你们丢失了很多的独立思想，会束缚和奴役你们的思想，以致从此之后，你们在智识上说，仅是机械一个而已。

你们可能希望能保持精神上的平衡和宁静，能够运用你们自己的判断，唯一的方法就是训练你们的思想，精稔自由沉静思考的技术。使我们更充分了解智识训练的价值和功效的就是在这智识困惑和混乱的时代。这个训练会使我们能够找到真理——使我们获得自由的真理。

关于这种训练与技术，并没有什么神秘的地方。那就是你们在实验室里所学到的，也就是你们最优秀的教师终生所从事，而在你们研究论文上所教你们的方法，那就是研究和实验的科学方法。也就是你们要学习应用于解决我所劝你们时刻要找一两个疑难问题所用的同样方法。这个方法，如果训练得纯熟精通，会使我们在思考我们每天必须面对有关社会、经济和政治各项问题时，更清楚、更胜任的。

以其要素言，这个科学技术包括非常专心注意于各种建议、思想和理论，以及后果的控制和试验。一切思考是以考虑一个困惑的问题或情况开始的。所有一切能够解决这个困惑问题的假设都是受欢迎的。但是各个假设的论点却必须以在采用后可能产生的后果来作为适用与否的试验，凡是其后果最能满意克服原先困惑所在的假设，就可接受为最好和最真实的解决方法。这是一切自然、历史和社会科学的思考要素。

人类最大的谬误，就是以为社会和政治问题简单得很，所以根本不需要科学方法的严格训练，而只要根据实际经验就可以判断，就可以解决。

但是事实却是刚刚相反的。社会与政治问题是关联着千千万万人命和福利的问题。就是由于这些极具复杂性和重要性的问题是十分困难的，所以使得这些问题到今日还没有办法以准确的定量衡量方法和试验与实验的精确方法来计量。甚至以最审慎的态度和用严格的方法无法保证绝无错误。但是这些困难却省免不了我们用尽一切审慎和批判的洞察力来处理这些庞大的社会和政治问题的必要。

两千五百年前某诸侯问孔子说："一言而可以兴邦……一言而丧邦有诸？……"

想到社会与政治的问题，总会提醒我们关于向孔子请教的这两个问题，因为对社会与政治的思考必然会连带想起和计划整个国家、整个社会，或者整个世界的事。所以一切社会与政治理论在用以处理一个情况时，如果粗心大意或固守教条，严重的说来，可能有时候会促成预料不到的混乱、退步、战争和毁灭，有时就真的是一言兴邦，一言丧邦。

刚就在前天，希特勒对他的军队发出一个命令，其中说到一句话：他要决定他的国家和人民未来一千年的命运！

但希特勒先生一个人是无法以个人的思想来决定

千千万万人的生死问题。你们在这里所有的人需要考虑你们即将来临的本地与全国选举中有所选择，所有的人需要对和战问题表达意见，并不下决定。是的，你们也会考虑到一个情况，你们在这个情况中的思考是正确，是错误，就会影响千千万万人的福利，也可能直接或间接的决定未来一千年世界与其文化的命运！

所以为少数特权阶级的我们大学男女，严肃的和胜任的把自己准备好，以便像在今日的这个时代，这个世界，每日从事思考和判断，把我们自己训练好，以便作有责任心的思考，乃是我们神圣的任务。

有责任心的思考至少含着三个主要的要求：第一，把我们的事实加以证明，把证据加以考查；第二，如有差错，谦虚的承认错误，慎防偏见和武断；第三，愿意尽量彻底获致一切会随着我们观点和理论而来的可能后果，并且道德上对这些后果负责任。

怠惰的思考，容许个人和党团的因素不知不觉的影响我们的思考，接受陈腐和不加分析的思想为思考之前提，或者未能努力以获致可能后果，来试验一个人的思想是否正确等等就是智识上不负责任的表现。

你们是否充分准备来做这件在你们一生中最神圣的行动——有责任心的思考？

考试与教育

（1947年）

导读 ＊ 本文系胡适任北京大学校长期间应当时考试院院长戴季陶之邀，在考试院所做的演讲。在本文中，胡适提出了两个观点，一是他认为考试制度是合理有效的，可以借此实现公平公正的竞争，打破阶层的固化；二是他认为考试成绩优秀的人还没有享受到应有的待遇和尊重，这是需要加强的。

我在民国二十三年，曾在考试院住过几天，也在此会场讲过话，所以这次重来，非常愉快。尤其看到考试院的建筑没有被破坏，并知道今年参加高考的人数超过以前任何时期，现在交通如此不方便，而全国各大城市参加高考的人数，竟达万人以上（就在我们北大的课室中，也有不少的人在应试）。我感觉到，自民国二十年举行第一次考试以来，这十六年间，考试制度的基础已相当巩固。我是拥护考试制度的一个人，目睹考试制度的巩固，与应考人数的增多，至为高兴。

今天考试院的几位朋友，要我来谈谈考试与教育的问题。当然考试与教育，与学校，都有很深的关系。中国的考试制度，可算有二千多年历史。在汉朝初开国的几十年，本来没有书生担负政治上的重要责任，后来汉武帝的宰相公孙弘，向武帝建议两件大事：其一是"予博士以弟子"。因过去只有博士，而没有学生，公孙弘主张给博士收学生，每个博士给予学生十人，后来学生数目逐渐增加，至王莽时代，增至一万人，迨东汉中期，更增至三万人。

其二就是考试制度。公孙弘见国家的法令与皇帝的诏书，不但百姓不能了解，甚至政府的官吏亦多不懂，故献议武帝，采用考试的办法，即指定若干经典为范围，凡能背诵一部的，便予以官吏职位。这是最早的考试制度，约在纪元前一百二十四年开始实行，到现在已经二千一百年。有了这种考试制度，便可以吸收学校训练出来的人才。风气一开，就另外产生一种私人创办的学校。在后汉时，此种学校达一百余所，各校学生有五六百人的，也有一二千人的。但因私人住宅无法容纳，所以在学校附近，就有许多做小买卖的商店应运而生，以供应学生的衣着和食宿。

其后学校的开办，主要的便是为适应此种考试制度而设，学校学生根据政府订定的标准，大家去努力竞争。最初应考的人，还有阶级的限制，就是只有士大夫阶级才能应试。后来这种阶级观念也打破了，只问是否及格，而不问来历。考试制度其后也逐渐改进，在唐朝时，还有人到处送自己的卷子，此种办法易影响主考人的观念，所以大家觉得不妥当，而加以禁止。到宋朝真宗时代，更采用密封糊名的办法，完全凭客观的成绩来录取人才。

由于考试制度的渐趋严密和阶级制度的逐渐打破，所以无论出身如何寒微的人，都有应考的机会和出任官吏的可能。

以前我在外国，有人要我讲中国的考试制度，我便引用一个戏台上的故事，就是《鸿鸾禧》所描写的"金玉奴棒打薄情郎"。这个戏也许大家都看过，是叙述一个乞丐头儿金松的女儿金玉奴，在一个寒冷的冬天打开大门看见有人僵倒在地上，便和她父亲把这个人救活了。那个人是一位来京应试的穷书生，因为没有钱，又饥又饿，所以冻僵在门前。后来金玉奴请她的父亲把他收留了，这个书生不久便做了金松的女婿，并且考中了进士，还不能做知县，只在县中做县尉县丞之类的小官。但是他做了官之后，总觉得当一个乞丐头的女婿没有面子，所以在上任的路上，便要设法解决他的太太。在一个月明星稀的晚上，他叫她走出船头，硬把她推下水去，但想不到金玉奴却被后面一只船上的人救起来。这个船上的主人，便是那书生的上司，他询明情由，就收金玉奴为养女，等到那书生到差之后，仍将她嫁回给他。于是在洞房之夜，金玉奴便演出了棒打薄情郎这幕喜剧。

这个故事是说明那个时候的人，谁都可以参加考试和有膺选的机会，完全没有阶级的限制。这种以客观的标准和公开竞争的考试制度，打破了社会阶级的存在，同时也是保持中国二千多年来的统一安定的力量。

我认为中国到现在还是没有阶级存在的，穷富并不是阶级，因为有钱的人，可能因一次战争或投机失败而破产，贫穷的人，亦可以积累奋斗而致富，不像印度那样，有许多明显的阶级存在。我国的阶级观念，已为考试制度所打破。

再说考试制度对于国家的统一，也有很大的关系。从前的交通非常不便，不像现在到甘肃、到四川，坐飞机只花几个小时就可以到，并且还有火车、汽车和轮船等交通工具。在古时那种阻塞的情形下，中央可以不用武力而委派各地以至边疆的官吏，来维持国家的统一达两千多年，这实在是有其内在的原因，就是由于考试制度的公开和公平。当时中央派至各地的官吏（现在称之为封建制度，我却认为并不怎样封建，因为不是带了许多兵马去的）皆由政府公开考选而来。政府考选人才，固然注意客观的标准，同时也顾及到各地的文化水准，因此录取的人员，并不偏于一方或一省，而普及全国。在文化水准低的地方，也可以发现天才，有天才的人，便可以考中状元，所以当选的机会各地是平等的。

同时还有一种回避的制度，就是本省的人不能任本省的官吏，而必须派往其他省份服务，有时候江南的人，派到西北去，有时候西北的人派到东南来。这种公道的办法，大家没有理由可以反对抵制。所以政府不用靠兵力和其他工具来统治地方，这是考试制度影响的结果。

今天我到考试院来，班门弄斧的说了一套关于考试制度的话，一定很多人不愿意听，所以我要向大家告罪。

再说到本题来，即从汉朝以后，考试和教育的关系。那时候的学校，差不多都是为文官考试制度而设，迄至隋唐，流于以文取士的制度。本来考试内容，包含多种，除进士外，有天文、医学、法律、武艺等等，不过进士却成为特别注重的一科。进士是考诗经、词赋的，即是以创作文学为标准，社会的眼光，也特别重视这一科。有女儿的人家，要选进士为女婿，女子的理想丈夫，就是状元进士。这种社会风气，改变了考试的内容。本来古代考试，不单纯是作诗词或八股文章，不过因为后来大家看不起学法律和医药的人，觉得这种学问，并不是伟大的创作，而进士却能在严格的范围内来创作文学，当然应看作是天才了。社会这种要求，并不是没有道理，不过因为太看重进士，所以便偏于以进士科为考试制度的标准。

王安石时，他想变更这种风气而提倡法治，研究法律。

但是他失败以后，便依然回复到做八股文章，走上错误的道路，但这种错误是基于当时的社会背景的。

因为考试内容的改变，便影响到学校的教育。考试要用诗赋，学堂的教育便要讲诗赋，考试要做八股文章，学堂教育便要讲八股文章。社会的要求和小姐们的心理，影响了考试制度，考试制度也影响了学校教育的内容。

由进士科考取的人才，多数是天才，天才除了做诗赋和八股之外，当然还可以发挥其天才做其他的事业，所以这并不是完全失败的制度。此处并非说我同情进士制（我是最反对做律诗和八股文的），不过我们要知道这是有历史背景的。

我近年来，在国外感觉到，中国文化对世界有一很大的贡献，就是这种文官考试制度。没有其他的民族和国家，其考试制度会有二千多年历史的。我们即以隋朝到现在来说，已有一千四百年，唐朝迄今，有一千三百年，宋朝迄今，也有九百多年。没有别的国家，能有这样早的考试制度。我国以一个在山东牧豕出身的公孙弘先生，能于二千年前有这种见地，实在是件了不起的事。

再从世界的眼光来看，中国考试制度，也影响了别的国家。哈佛大学的《亚洲研究杂志》,前年刊登一篇北京大学教授丁士仪先生写的文章,题为《中国文官考试制度影响英国文官考试制度的研究》。丁先生特别搜寻英国国会一百多年来赞成和反对采用中国文官制度的历次讨论纪录,用作引证。并说明十八世纪(其实早在十七世纪)便有耶稣会的传教士介绍中国的历史文化和政治制度到欧洲,其中便曾有人提到中国的考试制度。首先在法国革命时(纪元1791年),法国革命政府宣布要用考试制度,这思想是受了中国影响的,不过后来革命政府失败,所以没有实现这个制度。其后这种思想,由欧洲大陆传入英国,英国当时有所谓"公理学派",主张改革政治、改革社会以谋取最大多数人类的最大幸福为目标(这个学派也可称为幸福主义学派),他们同样看重了中国的文官考试制度,主张英国也应加以采用。

后来英国议会讨论这个问题时,有赞成和反对的两派意见。赞成派的理由,是中国能维持几千年的统一局面,主要的是因为政府采用这种公开的客观的考试制度;反对派则认为中国自鸦片战争以来,历次对外打败仗,所以不应仿效中国的制度。由此可知无论赞成的和反对的,都承认这是中国发明的制度。

后来英国先在印度和缅甸试行这种制度，到十九世纪以后，再在国内施行。

其后德国也采用考试制度，不久复传到美国。这都是直接或间接受到中国影响的。

在太平天国时代（十九世纪中叶），英国出版一本书叫作《中国人与中国革命》，这本书前面，有个附录，是一个英国官员向英政府及人民写的条陈，要求英国采用中国的文官考试制度。

由这些事例，可以看出中国文官考试制度影响之大，及其价值之被人重视，这也是我们中国对世界文化贡献的一件可以自夸的事。

现在我们的考试，已经不采用诗词了（考试院的各位先生平常作诗作词，不过是一种余兴），考试的内容已和世界各国相差无多。比之古代，虽然进步了很多，但是我们回过头看，现在却缺少了上面所讲的社会上的心理期望。

现在人家择女婿，不以高考及格为条件的，小姐们的理想丈夫，也不是高考第一名的先生！现在大家所仰慕的，高考还不够，要留学生，顶好是个博士，而且是研究工程的，这是一个显明的事实。

尽管现在社会对考试制度已较民国二十年时，认识得清楚，参加考试的人数也已增多，但是小姐们并不很看重高考及格的人员。我们不可忽视，小姐是有影响考试制度的相当权力的。

怎样才能使社会人士和小姐们养成对考试制度的重视呢？我还没有方案来答复大家这个问题。

我曾和戴院长谈过北京大学一个学生的故事。这个学生，今年毕业，是学法律的，中英文都很好，他的毕业论文，全篇用英文写成，故被目为该系成绩最优的一个。学校要留他当助教，他说"谢谢，我不干"。北平地方法院的首席检察官在学校兼课，也邀他到法院去帮忙，他也说"谢谢，我不干"。后来一查，他的毕业论文虽作了，却没有参加毕业考试，原来他到一个私立银行当研究生去了，他的薪津比敝校的校长还要多，他用不着参加考试，因为这个私立银行是不用铨叙的。

我有三十二张博士文凭（有一张是自己用功得来，另31张是名誉博士），又当了大学校长，但是我所拿的薪津，和一个银行练习生相差不多。我并不是拿钱做标准来较量，但是在这种状态之下，如何能使社会上的人士对考试及格的人起一种信仰呢？

我希望各位在研究国内外各种高深学问之余，再抽时间看明朝以来三百年间流行的才子佳人小说，研究一下怎样才可以恢复过去社会上对考试制度敬重的心理，就算我出这个题目来考考大家。

大学教育与科学研究

（1947 年）

导读 ＊ 本文是胡适于 1947 年 10 月 10 日在平津六科学团体联合会上的演讲稿。胡适通过霍普金斯大学创立的例子，阐述了大学教育与科学研究的关系。

方才进礼堂来，看大家都是有颜色的，我却是没颜色的。我在政治上没有颜色，在科学上也没有颜色。我也可算是一个科学者，因为历史也算一种科学。凡是用一种严格的求真理的站在证据之上来立说来发现真理，凡拿证据发现事实，评判事实，这都是一种科学的。希望明年"双十节"，史学会也能参加这会，条子也许会是白颜色的。

我今天讲一个故事，希望给负责教育行政或负责各学会大学研究部门的先生们一点意见。我讲的题是"大学教育与科学研究",不用说,科学研究是以大学为中心。在古代却以个人为出发点,以个人好奇心理,来造些粗糙器皿。还有,为什么科学发达起于欧洲呢?这一点很值得注意。对这虽有不少解释,可是我认为种种原因都不重要,最重要的是自中古以来留下好几十个大学。这些大学没有间断,如意大利伯罗尼亚大学,法国巴黎大学,英国牛津大学、剑桥大学等,这些都是远有一千年九百年或七八百年历史的,因此造成科学的革命。这些大学不断的继长增高,设备一天天增加,学风一天天养成,这样才有了科学研究。研究人员终身研究,可是研究人才是从大学出来的,他们所表现的精神是以真理求真理。这一个故事是讲美国在最近几十年当中造成了几个好大学。美国以前没有 university 只有 college,美国有名符其实的大学是在南北美战争以后。为什么在七十年当中,美国一个人创立了一个大学,从这一个人创立了大学,提倡了新的大学的见解、观念、组织,把美国高等教育革命,因而才有今天使美国成为学术研究中心呢?美国去年出版了两个纪念专集,一个是威尔基专集,一个是吉尔曼专集。吉尔曼（D.C.Gilman）创立了约翰斯·霍普金斯大学（Johns Hopkins University），后来许多大学都跟着他走，结果造成了今日美国学术领导的地位。大家听了这个故事，也许会从中得到一个 stimulation。

话说九十四年前，有两个在耶尔学院的毕业生，一个是二十一岁的怀特，一个是二十五岁的吉尔曼，那时美国驻苏公使令此二人作随员，一个作了三年多，一个作了两年多。怀特于三十五岁时做了康奈尔大学校长，吉尔曼四十一岁做了加利佛尼亚大学校长，吉氏未作长久，两年后就辞职了。当时在美国东部鲍尔梯玛城有一大富翁即霍普金斯，他在幼小时家穷，随母读书后去城内作买卖，因赚钱而开一公司，未几十年就当了财主。他在七十岁时立一遗嘱，要将所有遗产三百五十万美金分给一医学院和一大学作基金。一八七三年，他七十九岁时逝世，他的遗嘱生了效。翌年，即开始创办大学，当时董事会请哈佛大学校长艾利阿特（C. W. Eliot）、康奈尔大学校长怀特和密士根大学校长安其尔来研究。那时以如此巨款办大学，真是空前的一件事，那时该校董事长的意思是要办一"大学"，可是请来的这三位校长却劝他们要顾及环境，说什么南方不如北方文化高啦，办大学不是从空气里能生长的等语。后来，董事会请他们三人推选校长，三人却不约而同的选出吉尔曼来当校长。吉尔曼做了校长，他发表了他的见解说，应全力提倡高等学术，致力于提倡研究考据，把本科四年功课让给别的学校教，我们来办研究院，我们要选科学界最高人才，给他们最高待遇，然后严格选取好学生，使他们发展到学术最高地步，每年并督促研究生报告研究成绩，并给予出版发表机会。因为那时的高才的教授们，都在教学院的学识浅近的学生，或受书店委托编浅近的教科书，如果给他们安定的生活，最高的待遇，便可以专心从事更高深的研究。这时吉尔曼四十四岁，作该大学校长，并且，他决定了以下的政策：研究院外，办理附属本科。最初附属本科只二十三个学生，研究院五十多个，大约二与一之比；可是二十多年以后，研究院的学生到了四百多，附属本科仅一百多，却是四与一之比了。并且，第一步他聘请教授，第一位请的是希腊文教授费尔斯，四十五岁；第二位是物理学教授劳林，才二十八岁；第三位是数学教授塞尔威斯特，六十二岁；第四位是化学教授依洛宛斯；第五位是生物学教授纽尔马丁；第六位也是希腊文拉丁文教授查尔玛特斯。第二步他选了廿二个研究员，其中至少有十个以上成了大名。他的教授法，第一二年是背书，后二年讲演，自然科学也是讲演。第三步是创办科学刊物，这可算是美国发表科学刊物之创始。一八七六年，出版算学杂志，一八八〇年创刊语言学杂志，以及历史政治学杂志、逻辑学杂志、医学杂志等八大杂志，而开始了研究风气。

以上这三件事使美国风云变色。在这里我再谈谈办医学研究的重要：这个大学开幕已十年，医学院尚未开办，但因投资铁路失败，鲍尔梯玛城之女人出来集款，愿担负五十万美金的开办费，但有一条件是医学院开放招收女生。

当这大学的方针发表后，全美青年震动，有一廿一岁之青年威尔其（Welch），刚毕业于纽约医科学校。那时无一校有实验室，他因欲入大学，一八七六年赴欧洲作三学期之研究，一八七八年回美国，可是找不到实验室。最后终找一小屋，这是第一个美国"病理学研究室"，以廿五元开办。他作了五六年研究后，有一老人来找他，请他作霍普金斯医学院病理学教授，后并升任院长，创专任基本医学教授之制，而成立了医学研究所。

最后，吉尔曼于一九○二年辞掉他已作了廿五年的校长，在那个典礼上，吉尔曼讲演，他说：约翰斯·霍普金斯给我们钱办大学，可是没有告诉我们大学的一个定义。我们要把创见的研究，作为大学的基础。这时，后来任美国总统，也是那个大学的第一班学生威尔逊站起来说："你是美国第一个大学的创始者，你发现真理、提倡研究，不但是在我们学校有成绩，给世界大学也有影响。你创始了这师生合作的精神，你是伟大的。"同时，以前曾被邀请参加创办大学意见的哈佛大学校长艾利阿特发表谈话，他说："你创立了研究院的大学，并且坚决的提高了全国各大学的学术研究，甚至连我们的哈佛研究院也受了你的影响，不得不用全体力量来发展研究。我要强调指出，大学在你领导之下是大成功，是提倡科学研究的创始，希望发现一点新知识，由此更引起新知识，这年轻的大学，有最多的成绩。我最后公开承认你的大学政策整个范围是对的。"

中学生的修养与择业

（1952 年）

导读 ＊ 此文是胡适于 1952 年 12 月在台湾台东县公共体育场的演讲。胡适所讲的中学生的修养与择业均有两种具体要求。在修养方面，胡适要求学生具备必要的知识及养成良好的习惯，不单指生活习惯。在择业方面，胡适要求学生要综合社会和个人两方面的考虑。

刚才吴县长报告了五十八年前我在此地的一段历史——我在三岁至四岁间，随先人在台东州住过一年多，在台南住过十个月——要我把台东看作第二家乡；昨天台南市市长也向台南市市民介绍我是台南人；这番盛意，我非常感谢！吴县长预备在这里要做纪念我先人的举动，实在不敢当。明天举行县议员选举，我将以不是候选人也不是选举人，冒充同乡，到各投票所去参观。

今天我看到了吴县长老太太，看到了她，我非常感动，她可算台东年龄最高的了，她与先母年龄相当，先母如在世，已经有七十九岁了。

我到这里不久，与县长、教育科长、校长等几位谈话，知道了台东的教育是在异常困难的情况下来推进的，我非常敬佩他们艰苦不移、紧守岗位的坚毅意志。本来教育厅陈雪屏厅长预备与我们同来的，因台北有事，临时由台南赶回去了。不过教育厅还有一位视察杨日旭先生是同来的，我已经特地要他到各校去视察，并将视察结果报告教育厅，以使省府对台东的教育情形有所了解。

今天我应该讲些什么？事先曾请教吴县长、师范刘校长和同来的几位朋友，他们以今天到场的大多数是青年朋友们，也有青年朋友们的父兄，因此要我讲讲中等教育的东西。同时，我到过的地方，许多朋友常常问我中学生应注重什么？中学毕业后，升学的应该怎样选科？到社会里去的应该怎样择业？我是不懂教育的，不过年纪大些，并且自己也是经过中学、大学出来的，同时看到朋友们与我们自己的子弟经过中学，得到一点认识，愿意将自己的认识提出来供大家参考。今天讲的题目，就是："中学生的修养与中学生的择业"。

中学生的修养应注重两点：

一、工具的求得

中学生大概是从十二岁的幼年到十八岁的青年，这个时期是决定他将来最重要的一个时期。求知识与做人、做事的工具，要在这个时期求得。古人说："工欲善其事，必先利其器。"中学生要将来有成就，便应该注意到"求工具"——学业上、事业上、求知识上所需要的工具。求工具的目标有二：一是中学毕业后无力升学要到社会里去就业；一是继续升学。

第一种工具是语言文字。不论就业升学，以我个人的经验和观察所得，语言文字是最需要的工具。在中学里不仅应该学好本国的语言文字，最好能多学一二种外国的语言文字。它是就业升学的钥匙，能为我们打开知识的门。多学得一种语言，等于辟开一个新的花园、新的世界。语言文字，可以说是中学时期应该求得的工具当中非常重要的了。在中学时期如果没有打好语言文字的基础，以后做学问非常的困难。而且过了这个时期，很少能够把语言文字弄好的。

第二种工具是科学的基本知识。许多人都说学了数学，将来没有什么用处，这是错误的。数学是自然科学重要的钥匙，如果不能把这个重要的钥匙——数学，与物理学、化学、生物学、矿物学、植物学等，在中学时期学好，则不能求得新的知识。所以中学时期最重要的，是把这些基本知识弄好。

青年们在学校里对于各种基本科学，不能当它是功课，是学校课程里面需要的功课，应该把它当成求知识、做学问、做人的工具，必不可少的工具。拿工具这个观念来看课程，课程便活了。拿工具这个观念来批评课程，可以得到一个标准。首先看看哪些功课够得上作工具，并分出哪些功课是求知识做学问的工具，哪些功课是做人的工具。哪些功课是重要，哪些功课是次要。同时拿工具这个观念来督促自己，来分别轻重缓急。先生的教法，也可以拿工具这个观念来衡量，哪种教法是死的笨的，请先生改良，哪些应该特别注重，请先生注意。我这个话，不是叫学生对先生造反，而是请先生以工具来教，不要死板地照课本讲，这样推动先生，可以使得先生从没有精神到提起精神，不是造反而是教学相长，不把功课当作功课看，把它当作必需的工具看。拿工具的观念看功课，功课便是活的。这一点也可以说是中学生治学的方法。

二、良好习惯的养成

良好习惯的养成，即普通所谓的人品教育，品性人格的陶冶。教育学家、心理学家都告诉我们说：人品性格是习惯的养成，好的品格是好的习惯养成。中学生是定型的阶段，中学生时期与其注重治学方法，毋宁提倡良好习惯的养成。一个人的坏习惯在中学还可纠正，假使在中学里不能养成良好的习惯，这个人的前途便算完了，在大学里不会是个好学生，在社会里不会是个有用的人才。我愿在这里提醒青年学生们的注意，也请学生的父兄教师们注意。

我们的国家以前专注重文字教育，读书人的指甲蓄得很长，手脸都是白白的，行动是文绉绉的，读书可以从"学而时习之"背诵起，写文章摇摇摆摆地会写出许多好听的词句来，可是他们是无用的，不能动手，也不能动脚，连桌凳有一点坏了，也不能拿起斧头、钉子来修理。这种只能背书写文章的读书人就是没有养成良好的习惯——动手动脚的习惯。

我在台湾大学讲"治学方法"时，讲到一个故事：宋时有一新进士请教老前辈做官的秘诀，老前辈告诉他四个字：勤、谨、和、缓。这四个字，大家称为做官秘诀，我把它看作做人、做事、做学问的秘诀。简单的分别说：

勤，就是不偷懒，不走捷径，要切切实实、辛辛苦苦的去做。要用眼睛的用眼睛，用手的用手，用脚的用脚。先生叫你找材料，你就到应该到的地方去找。叫你找标本，你就到田野，到树林里去找。无论在实验室里、自然界里，都不要偷懒，一点一滴地去做。

谨，就是谨慎，不粗心，不苟且。以江浙的俗话来说，不拆烂污。写字，一点、一横都不放过。写外国字，i 的一点，t 的一横，也一样的不放过。做数学，一个圈，一个小数点都不可苟且。不要以为这是小事情，作事关系天下的大事，做学问关系成败，所以细心谨慎，是必须要养成的习惯。

和，就是不要发脾气，不要武断。要虚心，要和和平平。什么叫作虚心？脑筋不存成见，不以成见来观察事，不以成见来对待人。就做学问来说：要以心平气和的态度来学化学、数学、历史、地理，并以心平气和的态度来学语文。无论对事、对人、对物、对问题、对真理，完全是虚心的，这叫作和。

缓，这个字很重要，缓的意思不要忙，不轻易下一个结论。如果没有缓的习惯，前面三个字都不容易做到。譬如找证据，这是很难的工作，如果要几点钟交卷，就不能学到勤的功夫。忙于完成，证据不够，不管它了，这样就不能做到谨的功夫。匆匆忙忙的去作，当然不能做到和的功夫。所以证据不够，应该悬而不断，就是姑且挂在那里。悬而不断，并不是叫你搁下来不管，是要你勤，要你谨，要你和。缓，就是南方人说的"凉凉去吧"。缓的意思，是要等着找到了充分的证据，然后根据事实来下判断。无论作学问、作事、作官、作议员，都是一样的。大家知道治花柳病的名药"六〇六"吧？什么叫"六〇六"呢？经过六百零六次的试验才成功的。"九一四"则试验了九百一十四次。达尔文的生物进化论认为，动植物的生存进化与环境有绝大的关系，也费了三十年的工夫，到四海去搜集标本和研究，并与朋友们往复讨论。

朋友们都劝他发表，他仍然不肯。后来英国皇家学会收到另一位科学家华莱士的论文，其结论与达尔文的一样，朋友们才逼着达尔文把研究的结论公布，并提出与朋友们讨论的信件，来证明他早已获得结论，于是皇家学会才决定同华莱士的论文同时发表。达尔文这种持重的态度，不是缺点，是美德，这也是科学史上勤、谨、和、缓的实例。值得我们去想想，作为榜样，尤其青年学生们要在中学里便养成这种好习惯。有了这种好习惯，无论是做人做事做学问，将来不怕没有成就。

中学生高中毕业后，面临的问题是继续升学或到社会去找职业。升学应如何选科？到社会去应如何择业？简单地说，有两个标准：

一、社会的标准

社会上所需要的，最易发财的，最时髦的是什么？这便是社会的标准。台湾大学钱校长告诉我说，今年台大招生，投考学生中外文成绩好的都投考工学院，尤其是考电机工程、机械工程的特多，考文史的则很少，因为目前社会需要工程师，学成后容易得到职业而且待遇好。这种情形，在外国也是一样的，外国最吃香的学科是原子能、物理学和航空工程，干这一行的，最受欢迎，最受优待。

二、个人的标准

所谓个人的标准，就是个人的兴趣、性情、天才近哪门学科，适于哪一行业。简单的说，能干什么。社会上需要工程师，学工程的固不忧失业，但个人的性情志趣是否与工程相合？父母、兄长、爱人都希望你学工程，而你的性情、志趣，甚至天才，却近于诗词、小说、戏剧、文学，你如迁就父母、兄长、爱人之所好而去学工程，结果工程界里多了一个饭桶，国家社会失去了一个第一流的诗人、小说家、文学家、戏剧学家，不是可惜了吗？所以个人的标准比社会的标准重要。因为社会标准所需要的太多，中国人常说社会职业有三百六十行，这是以前的说法，现在何止三百六十行，也许三千六百行、三万六千行都有，三千六百行、三万六千行，行行都需要。社会上需要建筑工程师，需要水利工程师，需要电力工程师，也需要大诗人、大美术家、大法学家、大政治家，同时也需要做新式马桶的工人。能做新式马桶的，照样可以发财。社会上三万六千行，既是行行都需要，一个人决不可能会做每行的事，顶多会二三行，普通都只能会一行的。在这种情形之下，试问是社会的标准重要，还是个人的标准重要？当然是个人的重要！因此选科择业不要太注重社会上的需要，更不要迁就父母、兄长、爱人的所好。爸爸要你学赚钱的职业，妈妈要你学时髦的职业，爱人要你学社会上有地位的职业，你都不要管他，只问你自己的性情近乎什么？自己的天才力量能做什么？配做什么？要根据这些来决定。

历史上在这一方面，有很好的例子。意大利的伽利略是科学的老祖宗，是新的天文学家，新的物理学家的老祖宗。他的父亲是一个数学家，当时学数学的人很倒霉。在伽利略进大学的时候（三百多年前），他父亲因不喜欢数学，所以要他学医，可是他读医科，毫无兴趣，朋友们以他的绘画还不坏，认为他有美术天才，劝他改学美术，他自己也颇以为然。有一天他偶然走过雷积教授替公爵府里面做事的人补习几何学的课室，便去偷听，竟大感兴趣，于是医学不学了，画也不学了，改学他父亲不喜欢的数学。后来他替全世界创立了新的天文学、新的物理学，这两门学问都建筑于数学之上。

最后说我个人到外国读书的经过。民国前二年，考取官费留美，家兄特从东三省赶到上海为我送行，以家道中落，要我学铁路工程，或矿冶工程，他认为学了这些回来，可以复兴家业，并替国家振兴实业；不要我学文学、哲学，也不要学做官的政治、法律，说这是没有用的。当时我同许多人谈过这个问题。以路矿都不感兴趣，为免辜负兄长的期望，决定选读农科，想做科学的农业家，以农报国。同时美国大学农科，是不收费的，可以节省官费的一部分，寄回补助家用。进农学院以后第三个星期，接到实验系主任的通知，要我到该系报到实习。报到以后，他问我："你有什么农场经验？"我说："我不是种田的。"他又问我："你做什么呢？"我说："我没有做什么，我要虚心来学，请先生教我。"先生答应说："好。"接着问我洗过马没有，要我洗马。我说："我们中国种田，是用牛不是用马。"先生说："不行。"于是学洗马，先生洗一半，我洗一半。随即学驾车，也是先生套一半，我套一半。作这些实习，还觉得有兴趣。下一个星期的实习，为包谷选种，一共有百多种，实习结果，两手起了泡，我仍能忍耐，继续下去。一个学期结束了，各种功课的成绩都在八十五分以上。到了第二年，成绩仍旧维持到这个水准。依照学院的规定，各科成绩在八十五分以上的，可以多选两个学分的课程，于是增选了种果学。起初是剪树、接种、浇水、捉虫，这些工作，也还觉得有兴趣。在上种果学的第二星期，有两小时的实习苹果分类，一张长桌，每个位子分置了四十个不同种类的苹果、一把小刀、一本苹果分类册，学生们须根据每个苹果的长短，开花孔的深浅、颜色、形状、果味和脆软等标准，查对苹果分类册，分别其类别（那时美国苹果有四百多类，现恐有六百多类了）、普通名称和学名。美国同学都是农家子弟，对于苹果的普通名称一看便知，只需在苹果分类册里查对学名，便可填表交卷，费时甚短。我和一位郭姓同学则须一个一个的经过所有检别的手续，花了两小时半，只分类了二十个苹果，而且大部分是错的。晚上我对这种实习起了一种念头：我花了两小时半的时间，究竟是在干什么？中国连苹果种子都没有，我学它什么用处？自己的性情不相近，干吗学这个？这两个半钟头的苹果实习使我改行，于是，决定离开农科，放弃一年半的时间（这时我已上了一年半的课），牺牲了两年的学费，不但节省官费补助家用已不可能，维持学业很困难，以后我改学文学，学哲学、政治、经济、文学，在没有回国时，与朋友们讨论文学问题，引起了中国的文学革命运动，提倡白话，拿白话作文，作教育工具，这与农场经验没有关系，与苹果学没有关系，是我那时的兴趣所在。我的玩意儿对国家贡献最大的便是文学的"玩意儿"，我所没有学过的东西。最近研究《水经注》（地理学的东西）。我已经六十二岁了，还不知道我究竟学什么？都是东摸摸、西摸摸，也许我以后还要学学水利工程亦未可知，虽则我现在头发都白了，还是无所专长，一无所成。可是我一生很快乐。因为我没有依社会需要的标准去学时髦。我服从了自己的个性，根据个人的兴趣所在去做，到现在虽然一无所成，但是我生活得很快乐。希望青年朋友们，接受我经验得来的这个教训，不要问爸爸要你学什么，妈妈要你学什么，爱人要你学什么。要问自己性情所近，能力所能做的去学。这个标准很重要，社会需要的标准是次要的。

教师的模范

（1960年）

导读 ＊ 本文为1960年6月5日胡适在台北市大十四周年纪念会上的演讲。在文中，胡适提出师范学生要有爱自由、爱独立、爱真理胜过生命的理想，担负起教养下一代的神圣使命。

师范，就是教师的模范，他们至少要有两方面的理想：人格方面，是要爱自由和爱独立，比生命还重要，做到不降其志，不辱其身，把自由独立看作最重要的，这样人格才算完满；另一方面是知识，就是要爱真理，寻真理，为真理牺牲一切，为真理受苦，爱真理甚于自己的生命。

中国是具有五千年历史文化的古国，但却没有一个具有六十年或七十年以上历史的大学。北京大学是一个很老的学校，也不过六十二年；交通大学从它的前身南洋公学一起算进去，也只有六十多年的历史；台湾大学从日据时代的台湾帝国大学，到现在不过二十多年。一个有五千年历史的国家，没有六七十年以上历史的大学，是很使人惭愧的。

一九三六年，我曾代表北京大学参加哈佛大学成立三百周年纪念，有五百多个世界各地的著名学术机构和大学的代表都去道贺。在一次按照代表们所代表学校成立年代为先后的排队游行中，埃及的一个大学排在第一，但在历史上这个大学有一千多年的历史，是可怀疑的。实际可考的，应该是排在第二的意大利佛罗伦萨大学，才真正具有一千多年的历史。北京大学是排到第五百五十几名。

我在哈佛大学的餐会中，曾被邀请说话，我曾指出，北京大学是国立大学，是首都大学，也是真正继承中国历史上太学的学府。中国的太学是创始于汉武帝时代，这样算起来，北大历史应该要从纪元前一二四年算起，如果以这个历史为考据，北大该排在埃及大学的前面了。

北京大学不愿意继承太学是有原因的。中国的大学始于太学，但是从汉武帝到隋唐国子监，都没有持续性和继续性，当朝代间替、政府更换的时候，学堂也随着变换，使得学堂的设备、财产、人才、学风都缺乏继续的机构接替下去。

在中国，太学是政治机构的一部分，太学校长叫"祭酒"，他们升官了就离开太学做官去。无论是学风、人才，都随着不同的朝代政府变迁更换。西洋的大学能够继续不断发展，有三个因素：第一，它们有董事会，管理学校财产，像欧洲的大学是由教皇特旨，以教皇的许可状作为基础，连续有人负责学校的一切；第二，是教师会，它使得学校的传统学风能继续下去；第三，美洲的大学，都有校友会，校友们捐款给学校，推选董事参加董事会。

中国的大学有国立的、官立的、私立的，但却没有一个私立学校是完全私立的，大多是半官立的。太学在纪元前一二四年成立时，只有五个教授，五十个学生。王莽大兴学堂，曾筑舍万区，纪元后四年，太学生有六万多人，东汉迁都洛阳，太学仍在继续不断发展。汉光武帝革命的成功，全是王莽时代太学生的力量。"党锢之祸"发生以后，太学生才渐为大家所恐惧。

我们大学制度产生得很早，但是几千年来没有好好持续下去，造成了有五千年历史，而没有七十年以上大学历史的现象。

一个只有十四年历史的学堂，在教育史上还是个小孩子。十四岁的孩子是不应该为他大做生日的，但还是值得道喜。

师大学生要以爱自由、爱独立、爱真理胜过生命的理想，担负起教养下一代的神圣使命。

图书在版编目（CIP）数据

北大校长给教师的建议 / 蔡元培，蒋梦麟，胡适著；路远编.—长沙：湖南人民出版社，2021.6（2022.9）

ISBN 978-7-5561-2611-8

I. ①北… Ⅱ. ①蔡… ②蒋… ③胡… ④路… Ⅲ. ①教育—文集 Ⅳ. ①G4-53

中国版本图书馆CIP数据核字（2021）第080013号

BEIDA XIAOZHANG GEI JIAOSHI DE JIANYI

北大校长给教师的建议

著　　者	蔡元培　蒋梦麟　胡　适
编　　者	路　远
出版统筹	陈　实
监　　制	傅钦伟
产品经理	姚忠林
责任编辑	田　野
责任校对	蔡娟娟
封面设计	焱　玖

出版发行　湖南人民出版社［http://www.hnppp.com］
地　　址　长沙市营盘东路3号
邮　　编　410005

印　　刷　长沙新湘诚印刷有限公司
版　　次　2021年6月第1版
　　　　　2022年9月第4次印刷
开　　本　870mm×1230mm　1/32
印　　张　6.75
字　　数　140千字
书　　号　ISBN 978-7-5561-2611-8
定　　价　39.80元

营销电话：0731-82683348（如发现印装质量问题请与出版社调换）